ROBERTO CIOMPI

FARSI FINANZIARE DALLE BANCHE

Guida Strategica per Imparare a Richiedere, Ottenere e Gestire un Finanziamento dalle Banche

Titolo

"FARSI FINANZIARE DALLE BANCHE"

Autore

Roberto Ciompi

Editore

Bruno Editore

Sito internet

www.brunoeditore.it

Sommario

Introduzione	pag. 5
Giorno 1: Come fissare gli obiettivi	pag. 13
Giorno 2: Come preparare la documentazione	pag. 31
Giorno 3: Come preparare la documentazione per un'azienda	pag. 54
Giorno 4: Raccogliere, leggere e studiare il tutto	pag. 82
Giorno 5: Come presentarsi alla Banca	pag. 96
Giorno 6: Come accompagnare la richiesta fino all'erogazione	pag. 111
Giorno 7: Se la Banca dice "no", non scoraggiarti	pag. 139
Giorno 8: I Confidi e gli altri Enti di Garanzia	pag. 152
Alcuni casi gestiti	pag. 166
Conclusioni	pag. 184
I 37 segreti di "Farsi finanziare dalle Banche"	pag. 187

Introduzione

Gentile lettore,
voglio ringraziarti per avere acquistato questo ebook. Le indicazioni che troverai in questa guida sono state tutte da me sperimentate, e ti garantisco che potranno aiutarti a ottenere importanti risultati per quanto riguarda le richieste di finanziamento presentate alle Banche o ad altri Istituti Finanziari.

Non sono formule magiche ma consigli, segreti, tecniche, modalità operative che potrai seguire e imparare giorno dopo giorno e ti aiuteranno a preparare una richiesta di finanziamento in modo professionale e ottimale.

Prima di entrare nell'argomento voglio presentarmi e spendere due parole su chi sono e cosa faccio nella vita. Mi chiamo Roberto Ciompi, ho svolto per molti anni un'attività sia di imprenditore sia di manager in diverse aziende operanti nel settore dell'automazione industriale e della vendita di componenti per l'industria. Nel corso degli anni mi sono occupato principalmente delle funzioni gestionali, amministrative e finanziarie.

Questo ruolo mi ha consentito di entrare in contatto con molte Banche per svariate necessità aziendali che vanno dall'apertura di un conto corrente, alla richiesta di linee di credito per anticipi fatture, a richieste di mutuo per finanziare un investimento immobiliare e altro ancora.

Da alcuni anni ho iniziato una nuova attività lavorativa andando a svolgere la professione di consulente aziendale e finanziario, che mi ha portato a collaborare con le aziende, analizzare i loro bilanci e aiutare gli imprenditori nella ricerca delle soluzioni alle varie problematiche che si presentano nella normale attività aziendale, sia gestionali sia finanziarie. Tra queste problematiche, sicuramente una di notevole importanza è quella dell'accesso al credito, nelle varie forme tecniche che possono necessitare. In un anno assisto molte aziende nella ricerca di finanzianti nelle diverse tipologie tecniche e casistiche aziendali, per importi che vanno da 100.000 euro a importi superiori al milione di euro.

Sommando le due esperienze lavorative, quella della professione precedente, dove dovevo trovare in prima persona le risorse finanziarie per le aziende che gestivo, e quella attuale, dove aiuto l'imprenditore nella ricerca delle risorse finanziarie, ho maturato una professionalità e un'esperienza imparando alcune tecniche e segreti che voglio svelarti.

Questo ebook ha lo scopo di aiutare tutti coloro che nella loro attività lavorativa o nella vita familiare si trovano a formulare una richiesta di finanziamento.

- Come finanziare la mia azienda?
- Come finanziare l'acquisto dell'ufficio per lo svolgimento della mia professione?
- Come finanziare l'acquisto della casa dei miei sogni?
- Come finanziare l'acquisto di un capannone industriale per sviluppare l'attività della mia azienda?

Sono tutte domande che quotidianamente mi vengono rivolte da imprenditori, da professionisti e, in alcuni casi, da privati cittadini. A queste domande cerco di dare risposta analizzandole caso per caso e predisponendo delle richieste di finanziamento alle Banche utilizzando le tecniche e i segreti che andrò a spiegarti nell'ebook.

Già da alcuni anni nelle Banche si è creato un nuovo modo di lavorare, basato su vari organi interni che stabiliscono se concedere o non concedere il credito ai loro clienti, sia che si tratti di aziende o di privati cittadini. In particolare, per erogare il credito alle aziende, si sono dotate di particolari strutture operative, con personale specializzato dedicato solo a questa tipologia di clienti.

Con l'entrata in vigore dei parametri di Basilea 2, le aziende vengono sottoposte da parte della Banca a un sistema di analisi molto approfondito, che porta ad attribuire loro un **rating** (nel Giorno 6 ti spiegherò meglio di cosa si tratta) che, a seconda del risultato, sarà determinante per l'accesso al credito, per le condizioni dei tassi di interesse e per gli altri costi accessori applicati.

Prendiamo il caso di un'azienda in attività da diversi anni che decide di fare una domanda di finanziamento di qualsiasi genere: il sistema di valutazione della Banca va a esaminare per prima cosa la **centrale rischi** (anche per questa espressione troverai la spiegazione al cap. 6), inoltre analizza i bilanci dell'azienda, sia degli anni precedenti sia dell'anno in corso, i bilanci previsionali, la storia e la credibilità dell'imprenditore, la qualità dei clienti dell'azienda (per esempio privati, enti pubblici, grandi o piccole aziende), i tempi di riscossione dei crediti, di pagamento dei debiti ai fornitori, il patrimonio degli eventuali garanti e, cosa molto importante se l'azienda è già cliente, il comportamento dell'imprenditore nei confronti della Banca.

Dopo lo studio e l'analisi di quanto elencato, la Banca determina una serie di indici che vanno ad attribuire all'azienda un rating, che ha vari livelli di classificazione. Esempi di rating: AAA, AA, A, BBB, BB, B. In base all'attribuzione del rating, l'azienda avrà la valutazione dalla Banca.

Ti premetto che non troverai nei vari capitoli particolari indicazioni o riferimenti su come affrontare con la Banca la trattativa sui tassi di interesse applicati o sulle commissioni bancarie, perché ogni situazione sia aziendale sia personale è un caso a sé, quindi non è possibile dare indicazioni standard.

Certamente è facile comprendere che ottenere un finanziamento a un tasso di interesse del 4,5% anziché del 6% è sicuramente un ottimo risultato, ma per farlo occorre di volta in volta trattare con la Banca e analizzare tutta la situazione.

L'obiettivo è farti capire, preparare e gestire una richiesta di finanziamento, seguendo le indicazioni del libro, leggendo i capitoli e facendo tesoro dei segreti che scoprirai a poco a poco. Man mano troverai alcuni esempi di come si prepara una richiesta, anche se ti dico subito – e lo capirai facilmente – che ogni richiesta è un caso a sé, ma tutte possono seguire un percorso e un metodo che andrò a insegnarti.

Il primo esempio che ti illustrerò è quello relativo alla preparazione di una richiesta di finanziamento per acquistare una casa dove andare ad abitare, poi ti spiegherò l'esempio di una richiesta di finanziamento formulata da un'azienda per acquistare un capannone industriale ed altri esempi ancora.

Noterai sicuramente che, pur cambiando molti aspetti tecnici e in alcuni casi la documentazione da fornire alla Banca, **il metodo per formulare la richiesta e portarla a buon fine è molto simile**.

Nel caso di una richiesta di finanziamento per un'azienda, nell'ebook andrò a spiegarti cosa sono e che importanza hanno i Confidi o Consorzi Fidi e gli altri Enti di Garanzia, i quali possono essere inseriti come strumenti utili a sostegno della tua richiesta di finanziamento.

Ti anticipo, per farti capire meglio, che l'utilizzo dei Consorzi Fidi o degli altri Enti consente di aggiungere alla richiesta di finanziamento per la tua azienda, oltre alle garanzie da te prestate (ipoteca, fideiussione ecc.) un'ulteriore garanzia aggiuntiva rilasciata dal Consorzio o Ente al quale ti sei rivolto.

Infine troverai alcuni casi gestiti personalmente e che ho preso ad esempio per la loro semplicità e particolarità. Questi casi specifici mi hanno ulteriormente confermato che mettendoci **impegno**, **determinazione** e seguendo alcune regole abbinate a una

strategia di lavoro, si può riuscire a ottenere dei finanziamenti che inizialmente hanno poche probabilità di essere accolti.

Già da alcuni anni, compreso quello appena concluso del 2009, stiamo vivendo un momento di crisi economica internazionale che ha portato a un notevole restringimento della concessione del credito da parte delle Banche, sia nei confronti dei privati sia nei confronti delle aziende, per cui oggi, ancora più di qualche anno fa, è molto importate formulare la richiesta di finanziamento impegnandosi a curarne tutti gli aspetti.

In conclusione, ottenere un finanziamento da una Banca è sicuramente un obiettivo importante che può darti la possibilità di acquistare la casa dei tuoi sogni o di sviluppare la tua azienda o quant'altro ti necessita, ma non è affatto facile, si può riuscire solo se ci si mette impegno, determinazione, e se si applica un metodo professionale e alcune buone strategie, quindi datti da fare e iniziamo a lavorare.

Buona lettura

Roberto Ciompi

GIORNO 1:
Come fissare gli obiettivi

La prima parte dell'ebook ha lo scopo di farti capire come **preparare una richiesta di finanziamento**, per far ciò devi partire da un aspetto troppe volte trascurato o peggio ancora dato per scontato. Il titolo di questo capitolo è "Come fissare gli obiettivi", e non è casuale ma è la sintesi di quello che andrò a spiegarti nelle pagine successive.

Fissare gli obiettivi è il punto di partenza per formulare bene una richiesta di finanziamento; capire se vuoi acquistare una casa o fare un investimento per la tua azienda o cosa altro ti necessita, è essenziale per la costruzione della richiesta e per iniziare il metodo di preparazione. Quindi la prima cosa che devi fare è focalizzare bene cosa vuoi, imparare a spiegarlo alle altre persone che andrai a coinvolgere (ad esempio il funzionario della Banca) descrivendolo nel modo più completo e dettagliato possibile. Inoltre devi riuscire a capire altrettanto bene di cosa hai bisogno per poterlo avere.

In questo caso, trattandosi di una richiesta di finanziamento, occorre calcolare con precisione tutti i costi che devi sostenere per ottenere ciò che ti sei prefissato. Comincia col capire bene cosa vuoi e descrivilo nel modo migliore.

SEGRETO n. 1: fissare gli obiettivi è il punto di partenza per formulare bene una richiesta di finanziamento.

Spesso ciò che sembra chiaro per te non lo è per gli altri. Con ciò voglio dire che mi capita frequentemente di parlare con persone che hanno necessità di richiedere un finanziamento, le quali di fronte alle domande:

- Per cosa le occorre il finanziamento?
- Che importo di finanziamento le serve?
- È sicuro che con tale importo riesce a fare l'investimento?
- Come pensa di fare la ristrutturazione finanziaria della sua azienda?

Rispondono in questo modo:

Esempio 1

Voglio acquistare un capannone industriale dove andare a sviluppare la produzione della mia azienda, la superficie è di circa 800-1000 mq., con alcuni metri quadri di piazzale esterno. Per acquistarlo mi occorre circa un milione di euro, pensavo di fare un mutuo a dieci o quindici anni, oppure un leasing immobiliare, con l'acquisto del nuovo immobile prevedo di aumentare il fatturato.

Esempio 2

Ho visto un appartamento in vendita presso un'agenzia immobiliare, l'appartamento è di circa 90-100 mq., ubicato in zona periferica, per acquistarlo mi occorrono circa 200.000 euro. Pensavo di fare un mutuo a venti o trent'anni.

Esempio 3

Voglio fare una ristrutturazione finanziaria della mia azienda, richiedendo alla Banca un unico mutuo a quindici o vent'anni di due milioni di euro, che raccolga tutti i debiti finanziari a breve termine. Così facendo, otterrò una sola rata che pagherò ogni sei mesi ottenendo un miglioramento dei miei debiti con la Banca.

Esempio 4

Ho intenzione di acquistare un'attività di profumeria, ubicata all'interno di un centro commerciale. L'attività è avviata da più di cinque anni, i locali dove si svolge l'attività sono in affitto. Per l'acquisto delle licenze mi occorrono circa 300.000 euro.

Esempio 5

Ho bisogno di immettere liquidità nella mia azienda perché ho difficoltà a far fronte alle scadenze mensili. Pensavo di richiedere un finanziamento alla Banca a cinque o sette anni di 200-300.000 euro, oppure il massimo che la Banca può darmi, così facendo prevedo di sistemare l'azienda migliorando la mia liquidità in modo da rispettare gli impegni finanziari.

Credo che queste risposte parlino da sole e testimoniano che in questi casi si ha solo un'idea parziale di ciò che vogliamo, senza aver ben focalizzato ed esaminato tutte le variabili che si trovano all'interno del bene che dobbiamo acquistare, qualunque esso sia, o un intervento finanziario di ristrutturazione che vorremmo apportare alla nostra azienda.

Può anche darsi che dentro di noi sia tutto chiaro, ma non riusciamo a descriverlo in modo preciso e completo a chi ci ascolta, né a trasmettere bene che cosa vogliamo fare e cosa ci serve. Questa poca chiarezza diventa ancora più evidente e negativa di fronte a una richiesta di finanziamento. Provo a spiegarmi meglio facendo una domanda. Tra i due soggetti negli esempi successivi, a chi daresti i tuoi soldi pensando che abbia ben chiaro cosa vuole farci, ma soprattutto sapendo che dovrà restituirteli?

Soggetto 1: sig. Bianchi

Vorrei compare una casa di oltre 100 mq., grande, bella, che ho visto presso un'agenzia immobiliare. La casa si trova in zona semicentrale e la richiesta è di circa 200.000 euro.

Soggetto 2: sig. Rossi

Vorrei compare una casa di 100 mq., molto bella, luminosa, con box di pertinenza. Il prezzo nella zona si aggira intorno ai 2500 euro al mq. Il quartiere è servito da tutti i servizi principali (scuole, centri commerciali, banche, posta ecc.). Ho necessità di un finanziamento di 200.000 euro per acquistarla. Oltre all’importo necessario per l’acquisto, ho calcolato che vanno aggiunti i costi dell’agenzia immobiliare, delle imposte da pagare all’atto del notaio, i costi per gli allacci alle utenze pubbliche e altre spese accessorie che portano la necessità complessiva del finanziamento a 237.000 euro. Attualmente sono in affitto e sto pagando un canone di 600 euro al mese. Qualora riuscissi ad acquistare la nuova casa, potrò destinare questa somma a pagare il mutuo integrandola, nel caso che non sia sufficiente, con la differenza necessaria per coprire le rate alle rispettive scadenze.

E tra questi due imprenditori, a chi affideresti i tuoi soldi?

Imprenditore 1

Vorrei acquistare un capannone industriale dove andare a sviluppare la produzione della mia azienda. La superficie è di circa 800-1000 mq., oltre ad alcuni mq. di piazzale esterno. Per acquistarlo mi occorre circa un milione di euro e per ottenerlo pensavo di fare un mutuo ipotecario a quindici o vent’anni oppure un leasing immobiliare.

Imprenditore 2

Vorrei acquistare un capannone industriale dove andare a sviluppare la produzione della mia azienda. La superficie è di 1000 mq. di cui 100 mq. uso ufficio, con annesso 400 mq. di piazzale esterno. Il capannone è ubicato nella zona industriale X, i prezzi nella zona sono di 1200 euro al mq., il prezzo richiesto dal venditore è di un milione di euro. Per l'acquisto ho analizzato con i miei professionisti la formula migliore che, a loro giudizio, consiste nel fare un mutuo ipotecario a quindici anni, avendo così una rata che l'azienda è in grado di pagare alle rispettive scadenze. Con questo intervento prevedo di passare con il fatturato dell'azienda dai due milioni attuali a quattro milioni di euro nel 2012 e generare così un flusso di cassa ampiamente sufficiente per far fronte alle rate di mutuo, come indicato nei miei bilanci previsionali. Ecco un altro caso:

Imprenditore 1

Vorrei fare una ristrutturazione finanziaria della mia azienda, richiedendo alla Banca un unico mutuo a quindici o vent'anni di due milioni di euro che comprenda tutti i miei debiti finanziari attuali. Con questo intervento andrò a sostituire le varie rate dei debiti, che hanno diverse scadenze, con un'unica rata semestrale che li accorpa tutti.

Imprenditore 2

Vorrei fare una ristrutturazione finanziaria della mia azienda, attraverso un unico mutuo a quindici anni di due milioni di euro, che raccolga tutti i debiti finanziari relativi agli scoperti di conto corrente e ai due finanziamenti a cinque anni attualmente in essere. Così facendo otterrò un'unica rata semestrale che sarò in grado di pagare in base ai fatturati che andrò a sviluppare nei prossimi anni, come descritto nel mio business plan. Per le necessità di linee di credito a breve termine (anticipo fatture e salvo buon fine) ho valutato che mi occorrono 200.000 anziché 300.000 euro attuali. Questo perché prevedo di incassare più velocemente dai miei clienti adottando una politica più rigida sui tempi di dilazione concessi per il pagamento. Attraverso questa ristrutturazione prevedo anche di avere minori costi di oneri finanziari, calcolati per circa 80.000 euro annui, e minori costi di gestione, dovendo gestire una sola rata semestrale anziché tre linee di scoperto di conto più due finanziamenti.

Ti faccio notare che sono solo alcuni esempi, molto semplici, ma sono sicuro che i secondi ti convincono maggiormente rispetto ai primi, ti ricordo anche che l'obiettivo non è di convincere te ma la Banca che deve accettare la tua richiesta di finanziamento. Quindi il segreto è quello di sforzarti a spiegare bene cosa vuoi e di conseguenza di far capire bene a cosa ti servono i soldi che stai richiedendo e aggiungendo se possibile gli eventuali benefici tradotti in minor costi o maggiori ricavi che possono derivare dal buon esito della richiesta.

SEGRETO n. 2: ricordati sempre di evidenziare per ogni intervento finanziario che intendi richiedere i minor costi o i maggiori ricavi che si andranno a ottenere.

Intervento X:

- elenco minor costi;
- elenco maggior ricavi (o benefici).

La tecnica di evidenziare i maggiori ricavi o i minor costi è molto importante e può essere utilizzata anche per l'acquisto di una casa dove andare ad abitare o per la richiesta di un finanziamento finalizzato ad altri beni (auto, computer ecc.).

Per esempio: supponiamo che tu abiti con la famiglia in una casa in affitto e tu voglia richiedere un finanziamento per l'acquisto di una nuova abitazione dove trasferirti. I benefici o minor costi che potresti mettere in evidenza nella richiesta sono:

- il costo di affitto pagato attualmente, pari ad esempio a 600 euro al mese, che potrà essere destinato alla rata di mutuo;
- la possibile rivalutazione del bene negli anni che accrescerà il patrimonio della famiglia;
- altro beneficio potrebbe essere quello dei minor costi da sostenere per gli spostamenti dei familiari in quanto magari la nuova casa si trova in prossimità di molti servizi rispetto all'attuale abitazione;
- oppure i minor costi che si prevedono nei consumi energetici (perché la nuova casa è dotata di pannelli solari o costruita con particolari accorgimenti tecnici che diminuiscono i costi di riscaldamento);
- la migliore qualità della vita familiare, magari la nuova casa ha una stanza in più per i bambini;
- i minor costi di manutenzione da sostenere nei prossimi anni

(impianti, murature ecc.) perché trattasi ad esempio di una casa di nuova costruzione.

Per far bene questo compito occorre un po' di buona volontà e di esercizio, andando a scrivere quello che vuoi fare descrivendolo nel miglior modo possibile, analizzando tutte le variabili e studiandolo in modo da memorizzarlo bene. Per far ciò puoi farti aiutare da un amico, dal tuo professionista o da chi ritieni più opportuno.

SEGRETO n. 3: definisci bene cosa vuoi, scrivilo, impara a descriverlo con precisione, studialo e memorizzalo bene, evidenzia sempre i minor costi o maggiori ricavi (o benefici) che derivano da tale scelta.

Cosa occorre per ottenerlo

Dopo aver definito esattamente cosa vuoi, occorre capire altrettanto bene **cosa ti è necessario per ottenerlo**. In questo caso mi riferisco a quanti soldi sono necessari, quanti ne hai disponibili e quanti ne devi richiedere alla Banca.

Esempio

Vorrei comprare una casa di 100 mq., molto bella, luminosa, con box di pertinenza, il prezzo nella zona si aggira intorno ai 2500 euro al mq., ho necessità di un finanziamento di 200.000 euro per acquistarla, al quale sommare i costi dell'agenzia immobiliare, delle tasse, del notaio e altri costi accessori che portano la necessità complessiva del finanziamento a 237.000 euro.

Se ti fermi al solo acquisto della casa vedi che occorrono 200.000 euro, mentre se analizzi tutte le spese accessorie vedi che ne occorrono 237.000. Se analizzi ulteriormente vedi che se vuoi avere un minimo di tranquillità (per esempio dodici mesi), per pagare il primo anno delle rate di mutuo magari hai bisogno di ulteriori 20.000 euro. Quindi la tua necessità di finanziamento ottimale sarà di 257.000. Mi dirai, ma tutto questo a cosa serve?

Serve a capire bene quanto denaro ti occorre per finanziare in modo ottimale quello che vuoi fare. Non è detto che trovi la Banca che finanzia tutto l'importo che ti necessita, ma devi conoscere questo importo, **perché se non lo conosci bene tu non puoi certo sperare che lo conosca la Banca**. Quindi è importante elencare e preventivare tutte le varie voci di spesa legate alla richiesta di finanziamento.

Per esempio, nel caso dell'acquisto di una casa devi preventivare il costo per l'acquisto, le spese di agenzia se ti rivolgi a un agente immobiliare, le spese del notaio, le spese di tasse o IVA (basta chiederle in via preventiva a un notaio), le spese di eventuali allacci a utenze pubbliche e magari indicare una voce come "varie ed eventuali" dandole, per esempio, un valore pari all'1% del totale.

La tabella che segue si riferisce all'esempio sopra ed elenca le varie voci di spesa preventivate (costo di acquisto, notaio, agenzia, allacci); inoltre evidenzia due totali, il primo riferito a tutti i costi da sostenere per l'acquisto della casa, il secondo comprensivo di un piccolo margine pari all'1% come varie ed eventuali e dell'importo necessario a coprire le prime due rate di mutuo per il primo anno.

Il calcolo delle rate del finanziamento per il primo anno non è indispensabile, ma ti consiglio sempre di considerarlo e inserirlo nella tabella. Conoscere in via preventiva gli importi da accantonare, dal primo anno, per far fronte al finanziamento è sicuramente utile.

Tabella di spese

Costo di acquisto	200.000
Spese per il Notaio	5.000
Tasse 10%	20.000
Agenzia immobiliare 3%	6.000
Allacci a utenze	3.000
Totale 1	**234.000**
Varie ed eventuali 1% circa	3.000
Prime due rate di mutuo	20.000
Totale 2	**257.000**

Quindi la tua necessità di finanziamento ottimale sarà di 257.000 euro. Questo esercizio è utile per capire bene quanto denaro occorre indicare nella richiesta di finanziamento ottimale, la spiegazione di ciò sarà più chiara nei prossimi capitoli, quando andrò a simulare il calcolo delle rate da rimborsare e delle fonti di reddito disponibili. Anche nel caso che si tratti di una richiesta di finanziamento per un'azienda occorre usare lo stesso metodo. Riprendiamo uno dei nostri esempi.

Vorrei acquistare un capannone industriale dove andare a sviluppare la produzione della mia azienda; la superficie è di circa 1000 mq. di cui 100 mq. uso ufficio, con annesso 400 mq. di piazzale esterno, è ubicato nella zona industriale X, i prezzi al mq. nella zona sono di 1000 euro al mq., il prezzo richiesto dal venditore è di un milione di euro. Per l'acquisto ho analizzato con i miei professionisti la formula migliore che, a loro giudizio, consiste nel fare un mutuo ipotecario a quindici anni, avendo così una rata che l'azienda è in grado di pagare alle rispettive scadenze. Con questo intervento prevedo di passare con il fatturato dell'azienda dai due milioni attuali a quattro milioni di euro nel 2012.

Se ti fermi al solo acquisto del capannone industriale vedi che occorre un milione di euro, mentre se analizzi tutte le spese accessorie che riguardano l'acquisto vedi che occorre 1.273.000 euro (vedi la tabella seguente). Anche in questo caso non è detto che trovi la Banca che finanzia tutto l'importo, ma è importante conoscerlo. Quindi è necessario elencare e preventivare tutte le varie voci di spesa legate alla richiesta di finanziamento.

La tabella di seguito riportata si riferisce all'esempio ed evidenzia il totale riferito a tutti i costi da sostenere per l'acquisto del capannone, il costo del notaio, dell'agenzia, dell'IVA (o altri oneri), e anche in questo caso è inserito un piccolo margine pari all'1% come varie ed eventuali e l'importo necessario a coprire le due rate di mutuo per il primo anno. Anche nel caso dell'azienda il calcolo delle due rate del finanziamento per il primo anno non è indispensabile, ma consiglio sempre di considerarlo e inserirlo nella tabella.

Tabella di spese

Costo di acquisto capannone	1.000.000
Spese per il Notaio	30.000
IVA 20%	200.000
Agenzia immobiliare 3%	30.000
Allacci a utenze	3.000

Totale 1	1.263.000
Prime due rate di mutuo	100.000
Varie ed eventuali 1%	10.000
Totale 2	1. 373.000

Vorrei precisare che, trattandosi di un'azienda, questo esempio è molto semplificato perché la realtà è più complessa, ma il metodo rimane lo stesso e lo strumento dove applicare questo metodo nel caso di un'azienda si chiama *business plan*, e lo troverai spiegato nei capitoli più avanti.

SEGRETO n. 4: analizza tutte le voci di spesa, fai un elenco e calcola bene quanto denaro ti occorre.

RIEPILOGO DEL GIORNO 1:

- SEGRETO n. 1: fissare gli obiettivi è il punto di partenza per formulare bene una richiesta di finanziamento.
- SEGRETO n. 2: ricordati sempre di evidenziare per ogni intervento finanziario che intendi richiedere i minor costi o i maggiori ricavi che si andranno a ottenere.
- SEGRETO n. 3: definisci bene cosa vuoi, scrivilo, impara a descriverlo con precisione, studialo e memorizzalo bene, evidenzia sempre i minor costi o maggiori ricavi (o benefici) che derivano da tale scelta.
- SEGRETO n. 4: analizza tutte le voci di spesa, fai un elenco e calcola bene quanto denaro ti occorre.

GIORNO 2:
Come preparare la documentazione

Hai definito bene cosa vuoi, calcolato le varie voci di spesa e l'importo che ti è necessario, quindi sei pronto per preparare la tua richiesta. A questo punto è importante far capire bene ciò che vuoi fare all'organismo che deve erogare il finanziamento, in questo caso la Banca.

Ricorda sempre che la Banca con il finanziamento ti presta i soldi che entro un determinato periodo devi restituire, calcolando e addebitandoti il costo degli interessi maturati sul capitale prestato.

Quanto scritto sopra può sembrarti banale e scontato, ma ti garantisco che devi averlo sempre presente quando prepari una richiesta di finanziamento, più avanti ritornerò su questo concetto.

Elenco dei documenti

Ti ho appena detto che devi far capire bene cosa vuoi e quanto denaro ti necessita. Per far ciò bisogna partire pensando come pensa la Banca. Ogni Banca, di fronte a una richiesta di finanziamento di qualsiasi natura, ti richiederà una serie di documenti che sono necessari per analizzarla. Attraverso l'analisi di questi, oltre ad altre valutazioni interne, decide se accordarti o meno il finanziamento richiesto.

SEGRETO n. 5: ogni Banca, di fronte a una richiesta di finanziamento di qualsiasi natura, ti richiederà una serie di documenti che sono necessari per analizzarla.

Per permettere alla Banca di analizzare la tua richiesta, generalmente puoi agire in due modi:

- chiedere i documenti necessari da produrre, utili all'analisi della richiesta;
- anticipare la Banca e preparare una serie di documenti che potranno essere integrati se non ritenuti sufficienti.

Analizziamo la seconda ipotesi e per farti capire meglio riprendo l'esempio citato a pag. 17, il sig. Rossi che vuole comprare una nuova abitazione e ha calcolato che il finanziamento ottimale è di 257.000 euro.

Il sig. Rossi prepara una lista dei documenti, inizia a raccoglierli per consegnarli alla Banca. Il primo documento che prepara è la copia di un compromesso o di una promessa di vendita o d'acquisto o quant'altro che testimoni l'intenzione a comprare ma anche a vendere l'immobile. Questo documento è sicuramente più completo se integrato con una perizia di stima o valore di mercato del bene. Per far ciò è sufficiente rivolgersi a un'agenzia immobiliare e richiedere a titolo di cortesia una stima del bene da acquistare.

Altri documenti utili sono una planimetria dell'immobile, una visura catastale, una relazione di un tecnico (geometra, architetto, ingegnere) che ne descrive le caratteristiche; oppure, se trattasi di nuova costruzione, il capitolato rilasciato dal costruttore dove sono indicate le principali caratteristiche del bene (materiali, tipologia di impianti, tipologia degli infissi, rifiniture ecc.). Inoltre il sig. Rossi prepara un piccolo servizio fotografico (tre-quattro foto fatte da lui) che aiuta a capire meglio chi non conosce l'oggetto.

Sicuramente la Banca, di fronte a un mutuo per acquisto di una casa, invia un proprio tecnico a visionare il bene e a fare una perizia di stima, questo avviene generalmente alcuni giorni dopo la presentazione della richiesta. In questo caso i documenti consegnati possono essere utili al tecnico che altrimenti dovrà provvedere a procurarseli in prima persona.

Torniamo al sig. Rossi, supponiamo che lavori e che abbia un reddito da dipendente o da lavoratore autonomo. Il documento che andrà ad allegare in copia è la sua ultima denuncia dei redditi da dove si vede il suo reddito lordo e netto, percepito nell'ultimo anno fiscale. Inoltre il sig. Rossi, lavorando da oltre cinque anni, ha la denuncia dei redditi del penultimo anno fiscale, anch'essa da allegare.

Il sig. Rossi è spostato e sua moglie, la sig.ra Rossi, decide di partecipare all'acquisto della casa. Anche la sig.ra Rossi lavora, in tal caso il documento che allegherà all'elenco sarà la denuncia dei redditi della moglie degli ultimi due anni fiscali (chiaramente se lavora da più di due anni).

La sig.ra Rossi è anche proprietaria di un immobile attualmente affittato. Il sig. Rossi produrrà alla Banca copia del contratto di acquisto dell'immobile che testimonia la proprietà e copia delle ricevute di incasso degli affitti percepiti negli ultimi due-tre mesi, magari con allegato copia del contratto di affitto. Allegherà inoltre una fotocopia di un documento di identità e del codice fiscale dei due coniugi. A questo punto, dopo aver predisposto tutte le copie, andrà a compilare l'elenco dei documenti e otterrà questa situazione:

Elenco dei documenti allegati

- compromesso o promessa di vendita o acquisto;
- planimetria dell'immobile;
- perizia di stima (valore di mercato del bene);
- visura catastale;
- relazione tecnica o capitolato;
- servizio fotografico;
- denuncia dei redditi sig. Rossi degli ultimi due anni;
- denuncia dei redditi della moglie degli ultimi due anni;
- copia del contratto di acquisto altro immobile di proprietà della moglie;
- copia delle ricevute di pagamento degli affitti;

- fotocopia di un documento di identità;
- fotocopia del codice fiscale dei due coniugi.

Sono certo che mi dirai: “Roberto, l’esempio che hai citato è piuttosto semplice, la situazione ipotizzata è molto positiva (moglie e marito che lavorano, altri immobili di proprietà ecc.).” Ti rispondo subito dicendo che non ci sono casi standard, possono essere simili ma le situazioni sono molto variabili, ogni richiesta di finanziamento è un caso a sé.

Però anche di fronte a situazioni più complesse **il metodo di partenza e il ragionamento da seguire sono sempre gli stessi**, quindi cerca di imparare il metodo e utilizza gli esempi dell’ebook come schemi guida.

SEGRETO n. 6: prepara una lista dei documenti necessari, fai delle copie e fai un elenco di riepilogo.

La relazione di sintesi

Predisposto l’elenco dei documenti e le relative copie, ora occorre preparare una breve relazione di sintesi che in poche pagine descriva cosa vuoi fare, perché e cosa ti occorre per farlo. Nella relazione di sintesi cominci indicando l'importo della richiesta di finanziamento e la durata di quest'ultimo. Inoltre nella relazione puoi spiegare sinteticamente la tipologia del bene (villetta a schiera, appartamento, capannone industriale).

Altri dati da indicare sono quelli relativi alla metratura, ai locali che compongono l'immobile, alla località dove si trova. Utile è evidenziare la zona, per esempio se si trova in centro o in periferia, se ci sono servizi importanti adiacenti, come centri commerciali, scuole, attività ricreative ecc.

Un altro aspetto da indicare nella relazione di sintesi riguarda una breve descrizione della finalità della richiesta e dei soggetti richiedenti, indicando a cosa servirà il bene che andrai ad acquistare (nel caso dell'esempio per andarci ad abitare con la famiglia), chi sono e che cosa fanno nella vita i soggetti che andranno a fare l'investimento (nell'esempio, marito e moglie).

Indica inoltre se i soggetti titolari della richiesta sono disponibili a rilasciare fideiussioni personali o chi per loro (genitori, parenti), o se ci sono altri beni che possono essere resi disponibili come ulteriore garanzia per la Banca.

Aggiungi gli eventuali benefici (minor costi o maggiori ricavi) che si possono ottenere dall'investimento. Infine ti suggerisco di fare una piccola tabella di sintesi numerica dove si riepilogano i principali dati della richiesta: le principali voci di spesa, l'importo del finanziamento richiesto, i mezzi propri o quantità di denaro disponibile, le principali voci dei redditi percepiti utili a dimostrare alla Banca di avere le entrate necessarie per restituire il finanziamento.

SEGRETO n. 7: prepara la relazione di sintesi necessaria per far capire subito alla Banca di cosa stiamo parlando senza ancora aver visto i documenti allegati.

Riprendiamo l'esempio di prima e insieme proviamo a fare una relazione di sintesi.

Facsimile della relazione di sintesi

Roma, X/Y/20XX Spett. Banca Verdi

Spett. Istituto,

con la presente sono a richiedervi di valutare la seguente domanda di finanziamento. Richiesta di mutuo necessario per l'acquisto dell'immobile di seguito descritto. Importo richiesto: euro 257.000,00 (duecentocinquantasettemila/00) da restituire in dieci anni.

Breve descrizione dell'immobile

Trattasi di un appartamento di nuova costruzione di 110 mq., così suddiviso: n. 3 camere da letto, cucina, soggiorno, n. 2 bagni, box di pertinenza di 20 mq. e giardino di 200 mq. disposto su due lati. L'appartamento è collocato all'interno di una costruzione quadrifamiliare e si trova in località X in via Mazzini n. 10, in zona centrale vicina a tutti i servizi primari (centri commerciali, scuole medie e superiori, farmacie ecc.).

La zona è considerata di prestigio con buone prospettive di crescita; è infatti prevista la costruzione di ulteriori due scuole e di un centro commerciale nei prossimi tre anni. I prezzi delle abitazioni attualmente nella zona si aggirano intorno ai 2500 euro al mq.

Breve descrizione della richiesta e caratteristiche dei soggetti richiedenti

Il bene sarà utilizzato come abitazione principale dal sottoscritto e dai familiari. Attualmente viviamo in un appartamento in affitto in zona periferica pagando un canone mensile di 600 euro.

Sia io che mia moglie lavoriamo e svolgiamo le seguenti professioni: sig. Rossi avvocato, sig.ra Rossi medico. Entrambi percepiamo un reddito che di seguito troverete descritto. L'immobile oggetto della richiesta sarà intestato a entrambi i coniugi ed entrambi rilasciano fideiussioni personali.

Principali vantaggi

Di seguito vado a indicare i principali vantaggi conseguenti all'acquisto della nuova casa:

- un costo di affitto pagato attualmente pari a 600 euro che potrà essere destinato alla rata di mutuo;
- la possibile rivalutazione del bene negli anni che accrescerà

il patrimonio della famiglia;

- i minor costi da sostenere per gli spostamenti dei familiari in quanto la nuova casa si trova in prossimità di molti servizi rispetto all'attuale abitazione;
- i bassi costi di manutenzione previsti per i primi anni in quanto trattasi di nuova costruzione.

Ulteriori garanzie

La sig.ra Rossi è proprietaria di un immobile ubicato a X in via Giulio Cesare n. 6, valore commerciale 150.000 euro privo di ipoteche. L'immobile è attualmente affittato a un canone di 5000 euro annui, regolarmente pagato dall'inquilino come dimostrano le ricevute di pagamento allegate.

Tabelle di riepilogo

Descrizione costi	Importo	Mutuo richiesto	Mezzi propri
Costo acquisto immobile	**200.000**		
Spese notaio, agenzia, vari	**27.000**		
Liquidità aggiuntiva	**30.000**		

Totale importo	257.000	257.000	Non disponibili

	A	B
Coperture finanziarie annue	**Importo redditi netti annui dei due coniugi**	Importo rata annuale del mutuo, ipotizzato al tasso del 3,6% a 10 anni
Reddito sig. Rossi	50.000	
Reddito sig.ra Rossi	50.000	
Reddito da affitti sig.ra Rossi	5.000	
Totali	**105.000**	30.831
Saldo A-B	74.169	

Per permettervi una migliore valutazione alleghiamo alla presente la seguente documentazione:

- compromesso o promessa di vendita o acquisto;
- planimetria dell'immobile;
- valutazione di mercato del bene;
- visura catastale;
- relazione tecnica (o capitolato);
- servizio fotografico;
- tabella di simulazione piano di mutuo;

- denuncia dei redditi anni 20XX-20XX del sig. Rossi;
- denuncia dei redditi anni 20XX-20XX della sig.ra Rossi;
- copia del contratto di acquisto altro immobile di proprietà della sig.ra Rossi;
- copia delle ricevute di pagamento degli affitti;
- fotocopia di un documento di identità dei coniugi;
- fotocopia del codice fiscale dei due coniugi.

Restiamo in attesa di un vostro cortese riscontro.
Distinti saluti.

Voglio farti alcune precisazioni sulla tabella in esempio. La cosa molto importante che si nota leggendo la relazione è la tabella, che riguarda le coperture finanziarie (fonti di reddito dei due coniugi), è che tali fonti sono in grado di coprire la rata di mutuo annuo richiesto e di avere un importo ulteriore per i normali bisogni della famiglia (saldo A-B).

Inoltre puoi vedere che ho ipotizzato una rata di mutuo annuo (comprensiva di capitale più interesse) e ho specificato il tasso di interesse preso a riferimento. Questo è un calcolo previsionale perché non sai a priori che condizioni andrai a ottenere dalla Banca, ma è utile per far notare questi due valori: le **fonti di reddito** e i **costi annui del mutuo**.

Per fare questo calcolo devi prendere a riferimento il costo del denaro, per esempio Euribor a 6 mesi (se pensi a un mutuo con rata semestrale), e fare una simulazione del mutuo richiesto in base agli anni. Trovare questo valore è molto semplice, basterà entrare in Internet, andare su Google e digitare "Euribor a 6 mesi". Usciranno una serie di siti che riportano il dato.

Cerca Euribor a 6 mesi

Tasso **Euribor 6 mesi** - tassi indici **Euribor** aggiornati i storici
Tasso **Euribor 6 mesi** - tassi indici **Euribor** aggiornati i storici. ... Tasso **Euribor 6 mesi** - qui di seguito viene presentata di tassi indici **Euribor ...**
*it.**euribor**-rates.eu/**euribor**-tasso-**6-mesi**.asp* - Copia cache - Simili
Indice Mutui Aggiornati: **Euribor** 1 mese, **Euribor** 3 **mesi**, **Euribor 6 ...**
Indici dei mutui aggiornati. **Euribor** 1 mese, **Euribor** 3 **mesi**, **Euribor 6 mesi** per i mutui a tasso variabile. IRS 10 anni, IRS 15 anni, IRS 20 anni, ...
*www.telemutuo.it/**euribor**-aggiornato.php* - Copia cache - Simili
Serie storica **Euribor** a tre **mesi** e sei **mesi**
Le scadenze più importanti che vengono rilevate sono l'**Euribor** a 3 **mesi** e l'**Euribor a 6 mesi** e vengono normalmente pubblicate sulla sezione economica dei ...

*www.rivaluta.it/tassi/**euribor**_**3mesi**.htm* - Copia cache - Simili
euribor 6 mesi: Risultati su Il Sole 24 Ore
Tutto su **euribor 6 mesi**,Notizie su **euribor 6 mesi**, Speciali su **euribor 6 mesi**, News su **euribor 6 mesi**.
*www.ricerca24.ilsole24ore.com/.../**euribor**%206%20**mesi**.html* - Copia cache - Simili
24 ORE Mutui - MutuiOnline
Euribor 360, **Euribor** 365. 1 mese, 0,47, 0,48. 2 **mesi**, 0,65, 0,66. 3 **mesi**, 0,8, 0,81. 4 **mesi**, 0,91, 0,92. 5 **mesi**, 0,99, 1. **6 mesi**, 1,07, 1,08 **...**
mutuionline.24oreborsaonline.ilsole24ore.com/.../osservatorio.asp - Copia cache - Simili
Andamento **Euribor 6 mesi** | soldi.brucalipto.org
Grafico dell'andamento dell'indice **Euribor 6 Mesi** nel 2008.
*soldi.brucalipto.org/**euribor**/andamento-**euribor-6-mesi*** - Copia cache –

Supponi di entrare nel sito evidenziato, dove ti apparirà una tabella con i tassi Euribor aggiornati:

Indici dei mutui aggiornati

Principali indici utilizzati per i mutui a tasso variabile (Euribor) e a tasso fisso (IRS, detto anche Eurirs).

Indice	**Quotazione**	**Aggiornamento**
Euribor 1 mese	0,48%	4 Settembre 2009
Euribor 3 mesi	0,81%	4 Settembre 2009
Euribor 6 mesi	1,08%	4 Settembre 2009
IRS 5 anni	2,72%	4 Settembre 2009
IRS 10 anni	3,45%	4 Settembre 2009
IRS 15 anni	3,82%	4 Settembre 2009
IRS 20 anni	3,97%	4 Settembre 2009
IRS 25 anni	3,95%	4 Settembre 2009
IRS 30 anni	3,89%	4 Settembre 2009
IRS 40 anni	3,74%	4 Settembre 2009
IRS 50 anni	3,68%	4 Settembre 2009
IRS 5 anni fine mese	2,79%	4 Settembre 2009
IRS 10 anni fine mese	3,49%	4 Settembre 2009
IRS 15 anni fine mese	3,84%	4 Settembre 2009
IRS 20 anni fine mese	3,99%	4 Settembre 2009
IRS 25 anni fine mese	3,95%	4 Settembre 2009
IRS 30 anni fine mese	3,91%	4 Settembre 2009

Fonte: www.telemutuo.it

Per il nostro esempio prendiamo il valore riportato in tabella 1,08% e a questo valore aggiungiamo un 1,50% che è lo *spread* ipotetico che può prendersi la Banca su operazioni di mutuo.

A questo punto per aiutarti a capire meglio è opportuno dare una breve spiegazione di cosa è lo spread e come viene calcolato dalla Banca. Riporto un articolo ripreso da Internet citandone la fonte.

"Lo spread rappresenta il guadagno per la Banca che concede un mutuo. L'aliquota varia in genere fra lo 0,50% e il 2%. Lo spread sommato al tasso interbancario di riferimento (l'**Eurirs** o **Irs** nel caso dei mutui a tasso fisso, l'**Euribor** nel caso dei mutui a tasso variabile) determina il tasso di interesse applicato al mutuo fisso o variabile. Il termine spread si può tradurre nella nostra lingua come "scarto" o "margine". In ogni caso è ormai consuetudine utilizzare questo vocabolo. Si parte dal tasso di base (Eurirs o Euribor) e si aggiunge un ricarico, è la Banca che decide quale sarà la percentuale di ricarico che sarà il suo margine di guadagno. Lo spread serve per consentire alla Banca di coprire le spese di gestione e le spese per la pratica nonché i rischi dell'operazione. Il principio è lo stesso degli scambi commerciali. Da una parte abbiamo il commerciante (in questo caso la Banca) che compra un prodotto (il denaro) ad un prezzo (il tasso di scambio interbancario) e poi lo rivende al cliente dopo averlo ricaricato di un margine di guadagno: il famoso spread." Fonte: www.info-mutui.it

Ritornando al nostro ragionamento, per avere un dato più preciso sui tassi da calcolare basta chiedere in via informativa a un'agenzia immobiliare o a una Banca, oppure fare una breve ricerca su Internet per sapere a che tassi medi in quel preciso periodo vengono fatti i mutui per l'acquisto del bene che a te interessa: casa, capannone ecc.

Quindi hai stabilito di fare un mutuo di 257.000 euro al tasso annuo di Euribor a 6 mesi 1,08% + 1,5%, quindi al tasso di 3,6% (arrotondato). A questo punto vai di nuovo in Internet, su Google, digita la frase "Calcola rata di mutuo" e trovi tutta una serie di siti dove è possibile inserire i valori e avere una simulazione del piano di mutuo.

Calcola rata di mutuo

CALCOLO RATA MUTUO - Calcolatrice **mutui** per il **calcolo** della rata ...
In questa pagina hai la possibilità **di** effettuare online un **calcolo** della tua **rata** ideale **di mutuo**, impostando l'importo totale del finanziamento, ...
www.migliormutuo.it/calcolo_rata_mutuo.asp - Copia cache - Simili
CALCOLATRICE **MUTUO** - Calcolatrice **rata mutuo**
Inserisci la calcolatrice **rata mutuo** sul tuo sito.... puoi prelevare gratuitamente il box con il **calcolo rata** del **mutuo**. ...
www.migliormutuo.it/calcolo_rata.asp - Copia cache - Simili
MutuiOnline-Confronta **mutui di** 40 banche. **Mutuo** casa ai migliori tassi
Hai più **di** 65 anni e la casa **di** proprietà? Finanziati senza **rate**. Assicura il tuo **mutuo**. Con una polizza vita proteggi i tuoi cari e la tua casa ...
www.mutuionline.it/ - Copia cache - Simili

Io utilizzo spesso per lavoro questo sito: www.toptrento.com, dove posso sviluppare la simulazione del piano di mutuo.

Nel nostro esempio, inserisci i dati dell'importo (257.000), il tasso (3,6%), il tipo di rata semestrale, la durata in rata (dieci anni, ovvero venti rate semestrali), la data ipotetica di inizio, (es. 31/12/2009), e digita **calcola**: ti apparirà tutto lo sviluppo del mutuo nei dieci anni suddiviso in spesa del capitale e degli interessi.

Calcolo piano di ammortamento mutuo

Importo	257.000
Periodicità	Semestrale
Tasso	3,6%
Estinguibile in	10 anni
Data erogazione mutuo	31/12/2009

Così facendo avrai un'idea generale di come si svolgerà il mutuo, potrai già sapere quanto sarà la rata semestrale e annuale, quanto denaro dovrai avere per coprire il primo anno. Nel caso in cui la richiesta vada a buon fine e qualora la Banca applichi un tasso maggiore o inferiore sarà comunque uno scostamento minimo dai valori calcolati.

Se vuoi sbizzarrirti, basterà calcolare varie ipotesi di tasso (ad es. 4%, 4,5% ecc.) ma noterai che nel delta di 0,5%-1% le cifre previsionali calcolate non varieranno sensibilmente ai fini dei tuoi calcoli preventivi. In conclusione, con la relazione di sintesi hai ottenuto lo scopo di far capire in poche pagine alla Banca quanto denaro ti occorre, per cosa e come pensi di restituirlo (fonti di rimborso).

SEGRETO n. 8: inserisci nella relazione di sintesi una simulazione del piano di mutuo o di finanziamento in cui compare l'importo totale della rata annua che può avere scadenze semestrali, trimestrali, mensili ecc.

Tabella di calcolo mutuo riferita al nostro esempio

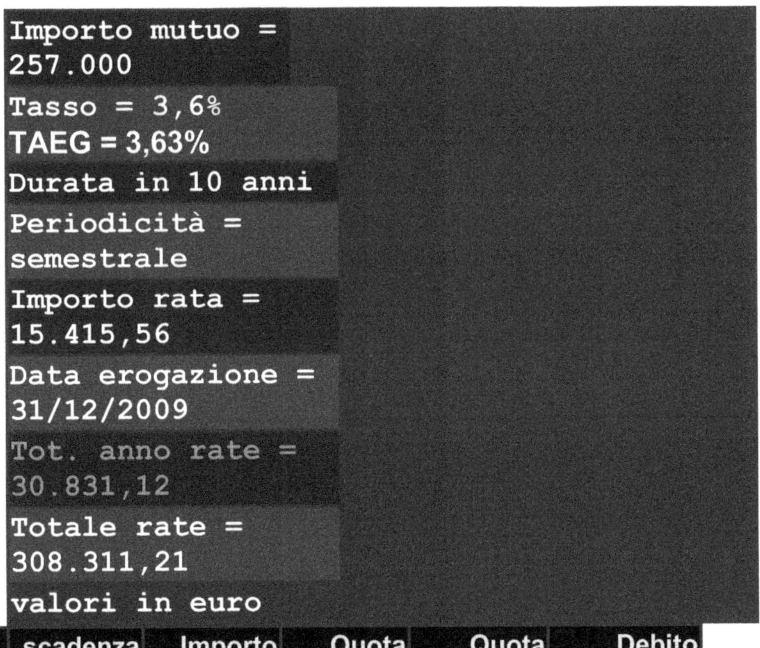
Importo mutuo = 257.000
Tasso = 3,6%
TAEG = 3,63%
Durata in 10 anni
Periodicità = semestrale
Importo rata = 15.415,56
Data erogazione = 31/12/2009
Tot. anno rate = 30.831,12
Totale rate = 308.311,21
valori in euro

n.	scadenza	Importo	Quota	Quota	Debito

			interessi	capitale	residuo
1	31/06/10	15.415,56	4.626,00	10.789,56	246.210,44
2	30/12/10	15.415,56	4.431,79	10.983,77	235.226,67
3	30/06/11	15.415,56	4.234,08	11.181,48	224.045,19
4	30/12/11	15.415,56	4.032,81	11.382,75	212.662,44
5	30/06/12	15.415,56	3.827,92	11.587,64	201.074,80
6	30/12/12	15.415,56	3.619,35	11.796,21	189.278,59
7	30/06/13	15.415,56	3.407,01	12.008,55	177.270,04
8	30/12/13	15.415,56	3.190,86	12.224,70	165.045,34
9	30/06/14	15.415,56	2.970,82	12.444,74	152.600,59
10	30/12/14	15.415,56	2.746,81	12.668,75	139.931,84
11	30/06/15	15.415,56	2.518,77	12.896,79	127.035,06
12	30/12/15	15.415,56	2.286,63	13.128,93	113.906,13
13	30/06/16	15.415,56	2.050,31	13.365,25	100.540,88
14	30/12/16	15.415,56	1.809,74	13.605,83	86.935,05
15	30/06/17	15.415,56	1.564,83	13.850,73	73.084,32
16	30/12/17	15.415,56	1.315,52	14.100,04	58.984,28
17	30/06/18	15.415,56	1.061,72	14.353,84	44.630,43
18	30/12/18	15.415,56	803,35	14.612,21	30.018,22
19	30/06/19	15.415,56	540,33	14.875,23	15.142,99
20	30/12/19	15.415,56	272,57	15.142,99	,00
	Totali	**308.311,21**	**51.311,22**	**257.000,00**	

Fonte: www.toptrento.com

RIEPILOGO DEL GIORNO 2:

- SEGRETO n. 5: ogni Banca, di fronte ad una richiesta di finanziamento di qualsiasi natura, ti richiederà una serie di documenti che sono necessari per analizzarla.
- SEGRETO n. 6: prepara una lista dei documenti necessari, fai delle copie e fai un elenco di riepilogo.
- SEGRETO n. 7: prepara la relazione di sintesi necessaria per far capire subito alla Banca di cosa stiamo parlando senza ancora aver visto i documenti allegati.
- SEGRETO n. 8: inserisci nella relazione di sintesi una simulazione del piano di mutuo o di finanziamento in cui compare l'importo totale della rata annua che può avere scadenze semestrali, trimestrali, mensili ecc.

GIORNO 3:
Come preparare la documentazione per un'azienda

Nel capitolo precedente hai studiato come preparare la documentazione per una richiesta di finanziamento formulata da una persona fisica, ho fatto l'esempio del sig. Rossi che vuole acquistare un'immobile per andarci ad abitare.

In questo capitolo supponiamo che a richiedere un finanziamento sia un'azienda, quindi una persona giuridica. Per aiutarti a capire meglio, elenco alcuni motivi che possono indurre un'azienda a richiedere un finanziamento:

- ha bisogno di un finanziamento sotto forma di mutuo per acquistare un capannone industriale in cui produrre;
- ha bisogno di un leasing immobiliare o strumentale per acquistare un capannone e i macchinari con cui produrre;
- ha bisogno di una linea di anticipo per cedere i crediti che genera con i suoi clienti (per esempio conti anticipi o altra

forma tecnica utilizzata per la cessione, denominata *factoring*);

- ha bisogno di uno scoperto di conto corrente per far fronte alle varie necessità di cassa che si presentano nella gestione quotidiana;
- ha bisogno di una ristrutturazione finanziaria complessiva che trasferisca l'indebitamento attuale a breve termine a un indebitamento a medio-lungo termine;
- ha bisogno di un finanziamento a medio termine (cinque-sette anni) per finanziare l'acquisto di scorte di magazzino;
- ha bisogno di un finanziamento a medio termine (cinque-sette anni) per reintegro di liquidità su investimenti già sostenuti finanziati con il breve termine (per esempio con scoperto di conto corrente);
- ha bisogno di un *equity* (ad esempio un fondo finanziario che entra nel capitale dell'azienda e l'aiuta a svilupparsi).

Come vedi le casistiche sono varie e quindi anche quando si deve fare una richiesta di finanziamento per un'azienda non è possibile seguire una procedura standardizzata, ma si possono tenere presente alcune indicazioni generiche come nel precedente esempio del sig. Rossi.

SEGRETO n. 9: quando si deve fare una richiesta di finanziamento per un'azienda, non è possibile seguire una procedura standardizzata, ma si possono tenere presente alcune indicazioni generiche.

Anche per l'azienda è necessario predisporre tutta una serie di documenti; può essere utile preparare la relazione di sintesi, ma occorre un nuovo documento molto importante, già anticipato nei capitoli precedenti, che si chiama *business plan* (o piano industriale, piano di investimento o piano di sviluppo, a seconda dei casi). Il termine business plan è senza dubbio il più utilizzato e si ritrova spesso all'interno delle richieste di finanziamento per aziende.

Il business plan solitamente è redatto dal titolare dell'azienda che in alcuni casi può farsi aiutare da un professionista (commercialista, consulente ecc.), al quale suggerisce le indicazioni di massima, in particolare illustra cosa vuole fare l'azienda nei prossimi anni, quanto pensa di ricavare dall'investimento che ha intenzione di effettuare, quali costi prevede di sostenere, che quota di mercato intende raggiungere ecc.

Il business plan si divide in due parti: la **parte descrittiva** e la **parte tabellare.** Le previsioni che si trovano all'interno di solito hanno un arco temporale di tre o cinque anni, questo perché trattandosi di ipotesi più si allunga il tempo più aumenta il rischio che quest'ultime non si verifichino.

Questo documento ha lo scopo di dichiarare cosa farà l'azienda nei prossimi anni e, nel caso sia finalizzato a una richiesta di finanziamento, andrà a specificare a cosa serve il finanziamento e quali fonti di reddito prevede di avere l'azienda per restituirlo.

Non ritengo opportuno dilungarmi ancora su cosa serve e cosa prevede il business plan anche perché ogni azienda è un caso a sé e quindi il business plan è un documento molto personalizzato da redigere seguendo alcuni criteri base, ma adattandolo ad ogni singolo caso aziendale.

SEGRETO n. 10: quando si richiede un finanziamento per un'azienda può essere necessario preparare un *business plan*, dove viene spiegato cosa si vuole fare nei prossimi anni, a cosa serve il finanziamento e come sarà restituito.

Per proseguire nel cammino che ci illustra come formulare la richiesta di finanziamento per un'azienda, facciamo insieme un esempio pratico dove si va a redigere la richiesta per conto della società X, definendo solo per semplicità alcuni termini che trovi riportati:

- **imprenditore:** amministratore dell'azienda che effettua la richiesta di finanziamento;
- **società X s.r.l.:** società che effettua la richiesta di finanziamento;
- ***cash flow* o flusso di cassa:** dato ritrovabile nell'esempio, all'interno del conto economico previsionale, che sta a evidenziare la capacità dell'azienda di produrre flussi di cassa sufficienti per far fronte alla quota capitale del finanziamento richiesto (non sono compresi gli interessi indicati nella voce "oneri finanziari").

Esempio

La società X s.r.l. ha necessità di un finanziamento sotto forma di mutuo immobiliare a dieci anni per l'acquisto di un capannone industriale di 1000 mq., necessario per sviluppare la produzione di carpenterie metalliche per grosse imbarcazioni. Il costo per l'acquisto è di un milione di euro.

A questo punto per presentare la richiesta alla Banca occorre redigere il business plan (nell'esempio è in forma semplice) iniziando dalla parte descrittiva per finire con una parte tabellare che contenga i principali dati economico-finanziari della società.

Parte descrittiva

Mi capita frequentemente di trovare parti descrittive di business plan anche di piccole aziende che sono dei veri e propri libri, personalmente sono contrario a business plan molto corposi (salvo casi particolari), preferisco poche pagine descrittive con l'aggiunta di tabelle essenziali che, per punti, spieghino le varie fasi del piano aziendale.

Quindi nel nostro esempio la parte descrittiva inizia con la premessa, in cui viene presentata sinteticamente l'azienda: la sua storia, i suoi soci e il management, proseguendo con una descrizione dell'attività svolta e le sue principali caratteristiche. Inoltre sono indicati i principali clienti con i quali l'azienda opera, riportando per ognuno il fatturato sviluppato nell'ultimo anno e il portafoglio ordini acquisiti.

Dopodiché è inserita una breve descrizione dell'investimento, un elenco dei principali benefici che la società prevede di ottenere, uno schema di riepilogo del piano finanziario dove evidenziamo le voci principali (costi e ricavi dell'operazione) e, infine, un elenco dei documenti allegati.
In questo esempio, per semplicità, non sono inseriti piani di marketing e analisi di mercato su come si posiziona la società nei confronti della concorrenza e altre indicazioni che si possono trovare all'interno di un business plan (ti ricordo che stiamo facendo un esempio per ottenere un finanziamento).

Business plan della società X s.r.l. (parte descrittiva)
Roma, X/Y/2010

Premessa

La società X s.r.l. ha iniziato l'attività in data 21-09-1998, ha sede a Y in via Verdi 18 nella zona industriale dove occupa un capannone in affitto di circa 500 mq.

Compagine societaria

La società è costituita da due soci imprenditori: il sig. Bianchi che detiene il 55% delle quote, e il sig. Rossi che detiene il 45% delle quote. Entrambi operativi in azienda e con notevole esperienza nel settore. Il socio Rossi si occupa della parte tecnica e della parte produzione, mentre il socio Bianchi si occupa della parte gestionale e finanziaria, altra figura importante della società è il dott. Caio responsabile commerciale, che si occupa di gestire i rapporti con i vari clienti e sviluppare azioni commerciali per acquisirne di nuovi (*ti consiglio di inserire sempre tra gli allegati i rispettivi curriculum vitae*).

Attività svolta

L'attività consiste in costruzioni di carpenterie metalliche per il settore navale e altri settori affini, completando il ciclo di produzione con la loro sabbiatura e verniciatura. Le principali caratteristiche della lavorazione sono l'elevata professionalità delle maestranze e le tecnologie applicate alle varie fasi di processo, che rendono il prodotto finito di ottima qualità a un prezzo competitivo.

Riepilogo fatturati degli ultimi 3 anni:

Anno 2007: 2.000.000 euro.

Anno 2008: 2.200.000 euro.

Anno 2009: 2.400.000 euro.

Fatturato previsto anno 2010: 2.700.000 euro.

Clienti principali

Pippo S.p.A.	Fatturato anno 2009: euro 300.000;
Caio S.p.A.	Fatturato anno 2009: euro 700.000;
Sempronio s.r.l.	Fatturato anno 2009: euro 600.000.

Attualmente il portafoglio ordini è di 4.000.000 euro da completarsi entro il 2012.

Descrizione dell'investimento

L'investimento consiste nell'acquistare un capannone industriale già costruito, dove trasferire l'attività che attualmente viene svolta in un immobile in affitto. Il nuovo capannone individuato è di 1000 mq. con 100 mq. uso uffici e 400 mq. di piazzale esterno. È ubicato nella zona industriale, in via Mazzini n. 15 nel comune X, dove i prezzi di mercato di beni simili si aggirano intorno ai 1200 euro al mq. La zona è servita da un'ottima viabilità trovandosi a meno di 1 km. dall'innesto della strada di grande comunicazione.

L'immobile è dotato di tutti gli allacci, è servito dalla rete gas e ha già installato, sia all'interno sia all'esterno, un impianto antincendio a norma (necessario per svolgere l'attività). Inoltre, sulla superficie del tetto, è possibile andare a collocare un impianto fotovoltaico (pannelli solari) in grado di produrre energia elettrica sufficiente al normale svolgimento dell'attività, con notevoli risparmi di costo sul conto economico. Tale investimento sarà preso in esame successivamente alla fase di acquisto del bene. Attualmente l'azienda sostiene un costo di affitto annuo di 50.000 euro, cifra questa che potrà essere destinata al pagamento delle rate di mutuo. Il prezzo richiesto per l'acquisto del bene è di un milione di euro. L'immobile è stato fatto stimare da un tecnico professionista che ha attribuito al bene nello stato attuale un valore di mercato pari a 1.300.000 euro (vedi perizia allegata). Allegato alla presente, rimettiamo planimetria dell'immobile e n. 4 foto dello stesso, dove si possono vedere la parte esterna, il piazzale e la parte interna. Le foto mostrano l'ottimo stato in cui si trova l'immobile.

Vantaggi legati all'intervento

Riteniamo opportuno evidenziare per punti i principali benefici che la Società prevede di ottenere dall'investimento:

- Spostando la produzione nel nuovo capannone si prevede di implementare il fatturato dagli attuali 2.700.000, previsti per l'anno 2010, ai 4.000.000, previsti nell'anno 2012, con conseguente miglioramento dell'utile aziendale come riportato nella parte tabellare del business plan.
- Inoltre si otterrà un'ottimizzazione della logistica interna e conseguentemente del processo di produzione, avendo a disposizione una superficie maggiore ed essendo il capannone dotato di carroponte. Da tale ottimizzazione sarà possibile recuperare ore produttive attualmente dedicate a continui spostamenti interni delle merci.
- Possibilità di acquisire commesse di lavoro più importanti da

primari clienti operanti nel settore, avendo una struttura adeguata per la loro fattibilità.

Piano finanziario

Nella tabella seguente andiamo a esporre in sintesi il piano finanziario dell'investimento.

Descrizione costi	Importi in euro	Coperture finanziarie	Importi in euro	% sul totale importo
Costo acquisto capannone	1.000.000	Mutuo a un tasso del 4,5%	1.100.000	86%
Iva 20%	200.000	Mezzi propri	173.000	14%
Spese Notaio	30.000			
Allacci utenze	3.000			
Agenzia Immobiliare 3%	30.000			
Spese varie ed eventuali 1%	10.000			
Totali	**1.273.000**		**1.273.000**	**100%**

N.B. Nell'esempio si ipotizza che l'azienda abbia un minimo di mezzi propri disponibili pari a 173.000 euro, corrispondenti al 14% del totale) che andrà a utilizzare per l'acquisto dell'immobile.

Altra cosa importante che viene evidenziata è la ripartizione in percentuale sia dei mezzi propri sia del mutuo richiesto, sull'importo totale dell'investimento.

Questo serve perché qualora la Banca richieda un aumento dei mezzi propri immessi dall'azienda, generalmente ragiona in termini di percentuale (ad esempio per finanziare l'investimento occorre portare i mezzi propri al 25% sul totale mentre la Banca finanzia il rimanente 75%).

Per completare il piano finanziario dell'esempio è opportuno simulare uno sviluppo per un mutuo dell'importo di 1.100.000 euro. Per farlo seguiamo lo stesso procedimento utilizzato per il sig. Rossi al Giorno 2.

Calcolo piano di ammortamento mutuo

Importo	1.100.000
Periodicità	Semestrale
Tasso	4,5%
Estinguibilc in	10 anni
Data erogazione mutuo	31/12/2009

Di seguito troverai una tabella di calcolo con simulazione piano di ammortamento del mutuo, importo 1.100.000 euro, durata dieci anni, tasso ipotizzato 4,5%.

Importo mutuo = 1.100.000
Tasso = 4,5 % TAEG = 4,55 %
Durata in 10 anni
Periodicità = semestrale
Importo rata = 68.906,27
Data erogazione = 31/12/2009
Tot. anno rate = 137.812,55
Totale rate = 1.378.125,55

n. scadenza	Importo	Quota	Quota	Debito

		rata	interessi	capitale	residuo
1	31/06/10	68.906,27	24.750,00	44.156,28	1.055.843,72
2	30/12/10	68.906,27	23.756,48	45.149,79	1.010.693,93
3	30/06/11	68.906,27	22.740,61	46.165,66	964.528,26
4	30/12/11	68.906,27	21.701,89	47.204,39	917.323,87
5	30/06/12	68.906,27	20.639,79	48.266,49	869.057,38
6	30/12/12	68.906,27	19.553,79	49.352,49	819.704,89
7	30/06/13	68.906,27	18.443,36	50.462,92	769.241,98
8	30/12/13	68.906,27	17.307,93	51.598,33	717.643,64
9	30/06/14	68.906,27	16.146,98	52.759,30	664.884,35
10	30/12/14	68.906,27	14.959,90	53.946,38	610.937,97
11	30/06/15	68.906,27	13.746,10	55.160,17	555.777,79
12	30/12/15	68.906,27	12.505,00	56.401,28	499.376,52
13	30/06/16	68.906,27	11.235,97	57.670,31	441.706,21
14	30/12/16	68.906,27	9.938,39	58.967,89	382.738,32
15	30/06/17	68.906,27	8.611,61	60.294,67	322.443,65
16	30/12/17	68.906,27	7.254,98	61.651,30	260.792,36
17	30/06/18	68.906,27	5.867,83	63.038,45	197.753,91
18	30/12/18	68.906,27	4.449,46	64.456,81	133.297,10
19	30/06/19	68.906,27	2.999,18	65.907,09	67.390,00
20	30/12/19	68.906,27	1.516,28	67.390,00	,00
	Totali	**1.378.125,56**	**278.125,56**	**1.100.000,00**	

Fonte www.toptrento.com

Calcolo previsionale delle fonti di copertura finanziaria per far fronte alla quota capitale del mutuo nei primi tre anni:

Quota	Importoa	Coperture	Importo

capitale mutuo annua	**rrotonda to**	**cash flow**	
2010	90.000	Utili + quota di ammortamenti	**172.000**
2011	94.000	Utili + quota di ammortamenti	**193.000**
2012	98.000	Utili + quota di ammortamenti	**202.000**

I dati degli ammortamenti e degli utili sono presi dalla parte tabellare nel conto economico previsionale (vedi tabella di seguito).

Conclusioni

A seguito di quanto sopra descritto, siamo a richiedervi di valutare la possibilità di effettuare un finanziamento come mutuo ipotecario a copertura dell'investimento con il seguente schema.

Importo richiesto: 1.100.000 euro

Durata: mutuo 10 anni

Tasso richiesto: da concordare con il vostro Istituto

Garanzie accessorie: fideiussioni personali dei due soci

Per permettervi una migliore valutazione alleghiamo alla presente la seguente documentazione:

- parte tabellare allegata;
- bilancio provvisorio al 30/06/2009;
- bilancio al 31-12-2008;
- bilancio al 31-12-2007;
- certificato Camera di Commercio;
- curriculum vitae dei due soci;
- elenco affidamenti bancari;
- atto costitutivo e statuto della società;
- ultime due dichiarazione dei redditi della società;
- ultime dichiarazioni dei redditi dei soci;
- copia documento di identità dei soci;
- stima immobiliare del capannone da acquistare;
- planimetria e foto del capannone da acquistare.

Restiamo in attesa di un vostro cortese riscontro.
Distinti saluti.

Un particolare che sicuramente avrai notato è che cambiano i documenti da produrre, perché per una società che richiede un finanziamento la Banca deve valutare molti aspetti di natura economica, fiscale e giuridica, ma non c'è molta differenza, nel modo di procedere, dalla richiesta del sig. Rossi.

La parte descrittiva del business plan nell'esempio è piuttosto sintetica, perché come ti ho già detto ogni richiesta di finanziamento per ogni azienda è un caso a sé, però lo scopo dell'esempio è di farti capire come procedere e di darti uno schema da seguire. La finalità non è di insegnarti a fare un business plan (ci sono centinaia di libri ed esempi anche su Internet) ma è quella di insegnarti un metodo su come devi preparare una richiesta di finanziamento, cosa ben diversa.

Ti consiglio di visitare il sito www.autostima.net dove troveri alcuni ebook che parlano di azienda e business plan e potranno aiutarti nell'imparare a redigerne uno nel migliore dei modi.

SEGRETO n. 11: prepara la parte descrittiva del business plan, dichiara cosa vuol fare l'azienda, come intende farlo e a cosa serve. Cerca di essere sintetico, utilizza delle tabelle per

illustrare le parti numeriche.

Parte tabellare

Abbiamo appena finito di redigere la parte descrittiva, ora è necessario redigere la parte tabellare. La parte tabellare occorre per spiegare con i numeri quello che nella parte descrittiva l'azienda ha dichiarato, aiuta a far capire alla Banca i benefici dell'investimento e le capacità di rimborso che la società avrà per far fronte al finanziamento.

Anche sulla parte tabellare ritengo utile farti alcune precisazioni: essa si divide generalmente in tre macro voci:

- il conto economico previsionale (es. 2010-2011-2012);
- lo stato patrimoniale previsionale (es. 2010-2011-2012);
- i flussi finanziari (es. 2010-2011-2012).

In alcuni casi si trova anche un ulteriore documento sui principali indici di bilancio (particolare tecnico sul quale non vado a dilungarmi).

Esempio di tabella da inserire nel business plan

Bilanci previsionali	ANNO	ANNO	ANNO
	2010	2011	2012
Stato patrimoniale			
Rimanenze			
Altro attivo circolante			
di cui: disponibilità liquide			
crediti a breve			
ratei e risconti			
Immobilizzazioni			
di cui: immateriali			
materiali			
finanziarie			
Totale attivo			
Passivo circolante			
di cui: debiti a breve Vs. fornitori			
Debiti a breve Vs. banche			
Ratei e risconti			
Passivo a M/L termine			
di cui: debiti a M/L termine			
t.f.r.			
Fondi rischi e oneri			
Mezzi Propri			
di cui: Capitale Sociale			
Riserve			
Finanziamento soci			
Utili (perdite) portate a nuovo			
Utili (perdite) dell'esercizio			
Totale passivo			
Bilanci previsionali	ANNO	ANNO	ANNO
	2010	**2011**	**2012**
Conto Economico			
Ricavi delle vendite e prestazioni			

(Fatturato)			
Variazione rimanenze prodotti finiti			
Altri ricavi e proventi			
A) Valore della produzione			
Acquisti materie prime e merci			
Acquisizione di servizi, ecc.			
Variazione rimanenze materie prime e merci			
Fitti passivi e canoni per locazioni			
Personale			
Accantonamenti			
Ammortamenti			
Oneri diversi di gestione			
B) Costi della produzione			
Risultato operativo (A-B)			
Proventi finanziari			
Interessi e altri oneri finanziari			
C) Proventi e oneri finanziari			
Proventi straordinari			
Oneri straordinari			
D) Proventi e oneri straordinari			
Risultato ante imposte (A-B+C+D)			
Imposte sul reddito d'esercizio			
Utile (perdita) di periodo			
Bilanci previsionali	ANNO	ANNO	ANNO
	2010	2011	2012
Flussi di Cassa			
Ammortamenti			
Utile/perdita di esercizio			
Totale			

Per semplicità nell'esempio sarà inserita solo la parte tabellare del conto economico previsionale, la quale prevede il calcolo dei flussi di cassa che derivano dalla somma degli ammortamenti e degli utili previsti.

Facendo riferimento alla simulazione del piano di mutuo per 1.100.000 euro a dieci anni a un tasso d'interesse del 4,5% riportato a pag. 68, nella parte tabellare è importante evidenziare se i flussi di cassa che la società andrà a produrre nei prossimi tre anni saranno sufficienti a pagare la quota capitale del mutuo, mentre la quota interessi si andrà a collocare nella voce "oneri finanziari" del conto economico.

Per questo esempio utilizzeremo solo queste due voci previsionali (conto economico e flussi di cassa). Ripeto che l'esempio non ha lo scopo di insegnarti a redigere un business plan, ma a capire alcuni concetti, e a evidenziare il dato dei flussi di cassa, confrontandolo con la quota capitale annua del mutuo.

Facsimile della parte tabellare

Business plan della società: X s.r.l.

Conto economico previsionale	**2010**	**2011**	**2012**
Ricavi delle vendite e prestazioni			
(Fatturato)			
Variazione rimanenze prodotti finiti			
Altri ricavi e proventi			
A) Valore della produzione	**3.000.000**	**3.500.000**	**4.000.000**
Acquisti materie prime e merci	1.670.000	2.000.000	2.300.000
Acquisizione di servizi, ecc.	300.000	320.000	400.000
Variazione rimanenze materie prime e merci	0	0	0
Personale	700.000	800.000	900.000
Ammortamenti	**100.000**	**100.000**	**100.000**
Oneri diversi di gestione	10.000	15.000	10.000
B) Costi della produzione	**2.780**	**3.235.000**	**3.710.000**
Risultato operativo (A-B)	**220.000**	**265.000**	**290.000**
Proventi finanziari			
Interessi e altri oneri finanziari			
C) Proventi e oneri finanziari	**-100.000**	**-110.000**	**-120.000**
Proventi straordinari	0		
Oneri straordinari	0		
D) Proventi e oneri straordinari	**0**		
Risultato ante imposte (A-B+C+D)	**120.000**	**155.000**	**170.000**

Imposte sul reddito d'esercizio	48.000	62.000	68.000
Utile (perdita)	**72.000**	**93.000**	**102.000**
Flussi di cassa previsionali	**2010**	**2011**	**2012**
Quota ammortamento	100.000	100.000	100.000
Utile/perdita d'esercizio	72.000	93.000	102.000
Totale	**172.000**	**193.000**	**202.000**

I dati dei flussi di cassa sono da riportare nella tabella della parte descrittiva dove si evidenzia che l'azienda, secondo il business plan, avrà flussi di cassa sufficienti per coprire la quota capitale del mutuo richiesto.

Riproduzione della tabella posizionata nella parte descrittiva dell'esempio a pag. 69:

Quota capitale mutuo annua	**Importoa rrotonda to**	**Coperture cash flow**	**Importo**
2010	90.000	Utili + quota di ammortamenti	**172.000**
2011	94.000	Utili + quota di ammortamenti	**193.000**
2012	98.000	Utili + quota di ammortamenti	**202.000**

SEGRETO n. 12: prepara la parte tabellare del business plan, che preveda minimo i conti economici previsionali e i flussi di cassa previsti (da riportare nella tabella di sintesi collocata nella parte descrittiva).

Parte immaginaria

A questo punto il business plan dell'esempio è completato, sia nella parte descrittiva sia nella parte tabellare.

La parte che sto per descriverti viene da molti trascurata, ma secondo il mio personale giudizio è senza dubbio la più importante. Mi spiego meglio, devi in pratica immaginare come saranno il tuo stato d'animo e le tue sensazioni dopo che sarai riuscito nel tuo progetto, quando la Banca ti avrà accordato il finanziamento e sarai riuscito a realizzare quanto ti eri proposto. Ti chiederai sicuramente a cosa ti serva tutto questo. Ti rispondo subito, serve a metterti in uno stato di positività e di ottimismo che è necessario per affrontare qualsiasi sfida.

Infatti mi dimenticavo di dirti che ottenere un finanziamento da una Banca non è affatto semplice e come tutte le cose non semplici richiede fatica, impegno, metodo, grande ottimismo e motivazione.

Questo aspetto ti sarà ancora più chiaro nei prossimi capitoli, quando ti parlerò di come presentarsi alla Banca. Se seguirai il mio consiglio, ti accorgerai che la tua positività, la tua motivazione e la tua fiducia hanno la caratteristica "se bene espresse" di essere positivamente contagiose nei confronti di colui che ti troverai di fronte.

Infatti puoi fare tutto quello che ti ho appena insegnato nel migliore dei modi, puoi fare una relazione di sintesi perfetta, un business plan bellissimo, ma non riuscire a trasmettere a colui che deve esaminarlo nessuno stato d'animo positivo. Questo perché la sola lettura di relazioni e tabelle non ha uno stato d'animo come invece la tua persona.

Ricordati sempre il detto "chi ben inizia è a metà dell'opera". La tua richiesta di finanziamento inizia per la Banca nel momento in cui andrai a presentarla, quindi preparati al meglio.

SEGRETO n. 13: occorre immergersi mentalmente nella parte immaginaria, e porsi in uno stato d'animo positivo da trasmettere alla Banca.

RIEPILOGO DEL GIORNO 3:

- SEGRETO n. 9: quando si deve fare una richiesta di finanziamento per un'azienda, non è possibile seguire una procedura standardizzata, ma si possono tenere presente alcune indicazioni generiche.
- SEGRETO n. 10: quando si richiede un finanziamento per un'azienda può essere necessario preparare un *business plan*, dove viene spiegato cosa si vuole fare nei prossimi anni, a cosa serve il finanziamento e come sarà restituito.
- SEGRETO n. 11: prepara la parte descrittiva del business plan, dichiara cosa vuol fare l'azienda, come intende farlo e a cosa serve. Cerca di essere sintetico, utilizza delle tabelle per illustrare le parti numeriche.
- SEGRETO n. 12: prepara la parte tabellare del business plan, che preveda minimo i conti economici previsionali e i flussi di cassa previsti (da riportare nella tabella di sintesi collocata nella parte descrittiva).
- SEGRETO n. 13: occorre immergersi mentalmente nella parte immaginaria, e porsi in uno stato d'animo positivo da trasmettere alla Banca.

GIORNO 4:
Raccogliere, leggere e studiare il tutto

Nei capitoli precedenti hai imparato a preparare una richiesta di finanziamento, sia che si tratti di una persona fisica (sig. Rossi) sia di una persona giuridica (la nostra società X s.r.l.). A questo punto hai la tua documentazione pronta, la tua relazione di sintesi o, se trattasi di un'azienda, il business plan.

Cosa occorre fare? Occorre fare una cosa che molti non fanno: leggere e studiare bene il tutto.

Questa attività può sembrarti banale o scontata ma non è cosi. Infatti capita frequentemente che per compilare la richiesta di finanziamento l'imprenditore o la persona fisica si facciano aiutare da un professionista (commercialista, consulente, mediatore creditizio o altro) il quale compila e costruisce tutta la richiesta, il business plan e quant'altro necessario. Tutto ciò va comunque bene, personalmente ritengo utile che l'imprenditore o la persona fisica possano farsi aiutare. Però se la richiesta è stata preparata dal professionista di fiducia è probabile che colui che richiede il finanziamento lo conosca solo parzialmente e non in modo approfondito.

Ti ricordo che **la Banca deve finanziare te, non il tuo professionista**, pur bravo che sia, quindi vuol capire se hai ben chiaro cosa stai facendo.

Chi eroga un finanziamento vuole sapere, nel caso tu sia un imprenditore, cosa prevedi per la tua azienda nei prossimi anni, quali obiettivi vuoi raggiungere, quali strategie andrai ad attuare, per cosa ti necessita la richiesta di finanziamento che vai a presentare ecc. (queste regole valgono anche se devi acquistare una casa per andarci a vivere o qualsiasi altro progetto tu voglia finanziare).

SEGRETO n. 14: partecipa in modo attivo alla costruzione della tua richiesta di finanziamento, la Banca deve finanziare te, non il tuo professionista.

Capita di assistere a incontri in cui l'imprenditore, di fronte a qualche domanda del funzionario di Banca, riguardante la documentazione presentata o alcuni aspetti del business plan o alcuni dati previsionali, vada in difficoltà o più semplicemente dica di rivolgersi al suo professionista perché lui non si occupa di queste faccende. Questa risposta sta a significare che il soggetto che va a richiedere il finanziamento non ha molto chiaro come è stata preparata la richiesta, cosa essa contenga e i dati che riporta.

Ritengo questo comportamento molto negativo e sicuramente non dà al funzionario di Banca una buona impressione sulla richiesta di finanziamento che sta esaminando. Ricordati sempre l'aspetto positivo e immaginario che sta dietro la richiesta di un finanziamento: se non la conosci in modo approfondito ti sarà molto difficile riuscire a trasmetterlo.

Per farti capire meglio l'importanza che ha questa semplice attività, ti riporto alcuni esempi di situazioni alle quali ho assistito personalmente, dove di fronte a domande semplici da parte del funzionario della Banca, l'imprenditore si è trovato in difficoltà e, come se non bastasse, pur non sapendo cosa dire si è avventurato in risposte improvvisate complicando la situazione e facendo trasparire che non aveva la minima idea di cosa stava dicendo.

Esempio

Domanda del funzionario: "Quanto pensa di fatturare la sua azienda nei prossimi tre anni?"

Risposta dell'imprenditore: "Prevedo, penso, intorno ai tre-quattro milioni di euro", – *oppure, peggio ancora* – "Penso trenta-quarantamila euro di utile, non lo so, chieda al mio commercialista."

Domanda: "Quanti dipendenti avrà la sua azienda una volta completato l'investimento?"

Risposta: "Prevedo dai quindici ai venti." (*mentre magari nel business plan è indicato trentadue*).

Domanda: "Sono previsti ulteriori investimenti per i prossimi anni a seguito dello sviluppo dell'azienda?"

Risposta: "Dopo aver acquistato il capannone non farò altre spese per i prossimi anni" (*mentre nel business plan è riportato che acquisterà alcuni macchinari strategici per la produzione, altrimenti non potrebbe produrre le quantità indicate e raggiungere i livelli di fatturato previsti nel conto economico, necessari per avere le fonti di rimborso "flussi di cassa" sufficienti a pagare le rate di mutuo che sta richiedendo in quel preciso momento*).

Personalmente mi chiedo: perché un imprenditore che va in Banca a presentare la sua richiesta di finanziamento e ha redatto un business plan della sua azienda, all'interno del quale ci sono le risposte a queste domande, non sa rispondere al funzionario in modo preciso?

Con gli esempi sopra descritti non ho minimamente l'intenzione di far passare l'imprenditore come uno sprovveduto o una persona che non si occupa della sua azienda, dico solo che quando si presenta una richiesta di finanziamento preparata con cura e con le tecniche che ti sto insegnando questi inconvenienti possono e devono essere evitati e ciò va solo a vantaggio di chi presenta la richiesta.

Per evitarli basta fare una cosa molto semplice, **leggere e**

studiare tutta la documentazione posta all'interno della richiesta, in particolare se a predisporla parzialmente o totalmente è stata una terza persona di tua fiducia, alla quale è opportuno chiedere eventuali chiarimenti e spiegazioni per quelle parti che possono risultare non chiare, per esempio alcuni dati del business plan.

Questo semplice ma importante accorgimento ti eviterà di fare brutte figure di fronte al funzionario della Banca, ti consentirà di rispondere alle sue eventuali domande, dando così la sensazione di avere ben chiaro cosa vuoi e come pensi di ottenerlo. Inoltre, cosa non meno significativa, ti aiuterà a mantenere quella positività che, come ho già detto prima, è molto importante per il buon esito della richiesta.

Prova a pensare di essere a scuola, sei interrogato dal professore, tu hai studiato bene la lezione, quindi sei sicuramente più preparato di colui che non ha minimamente studiato.

SEGRETO n. 15: occorre leggere e studiare la richiesta di finanziamento per essere preparati alle eventuali domande o

richieste di chiarimento da parte della Banca.

Il raccoglitore

Per fare meglio questa attività di lettura e studio è senza dubbio utile riporre tutti i documenti, le tabelle, le relazioni in un unico raccoglitore. Anche questo suggerimento può sembrati banale, ma ti assicuro che non lo è, ti spiego subito perché.

Dove va la tua richiesta dopo che hai finito di prepararla, leggerla, studiarla, farti dare suggerimenti e quant'altro? Va in Banca. E cosa farà il funzionario della Banca, quando l'avrà di fronte? Farà la stessa cosa che hai appena finito di fare tu, avrà necessità di leggerla, studiarla, analizzarla e, se necessario, di chiederti eventuali chiarimenti o integrazioni. E quale modo migliore conosci, per studiare, leggere e analizzare dei documenti se non quello di collocarli all'interno di un raccoglitore?

Spero di averti fatto comprendere l'importanza di questa semplice procedura che consiste nel riporre tutti i documenti di una richiesta di finanziamento all'interno di un unico raccoglitore, disponendoli con un ordine logico (es.: tutti i bilanci insieme, tutti documenti tipo atto costitutivo o statuto, certificato camerale, tutti i dati sull'immobile, visure ecc.).

Inoltre ti consiglio di inserire un elenco degli stessi nella prima pagina del raccoglitore, così colui che dovrà analizzarli avrà un indice per individuare subito i documenti che sta cercando.

Questo metodo consente anche che, qualora la Banca richieda successive integrazioni di documentazione, sia molto più semplice per il funzionario andare a collocare i nuovi documenti fornitigli all'interno del raccoglitore, evitando così che vadano smarriti.

Ti garantisco che questo modo di procedere è molto apprezzato dai funzionari di Banca perché molto spesso si vedono recapitare richieste di finanziamento con tutti i documenti necessari raccolti in mille modi diversi, senza nessun ordine logico, cosa che li costringe a fare quello che il cliente non ha fatto, cioè metterli in ordine, ma cosa ancor più preoccupante è che nel funzionario si genera uno stato d'animo non molto positivo.

Vedi nella foto un esempio di raccoglitore.

Alcuni dei documenti che vai a inserire possono essere composti da diverse pagine, quindi ti consiglio anche di utilizzare delle buste trasparenti a fogli mobili dove collocare i vari documenti suddivisi (il bilancio, il certificato camerale, lo statuto, oppure se trattasi di una persona fisica, la denuncia dei redditi, il compromesso ecc.).

SEGRETO n. 16: metti tutti i documenti necessari per la richiesta di finanziamento all'interno di un unico raccoglitore.

La copertina

Hai letto e studiato tutta la documentazione della richiesta di finanziamento, hai preparato il raccoglitore, sei quindi pronto per presentare la tua richiesta a una Banca. Cosa manca ancora? Manca una piccola rifinitura che può essere paragonata alla classica ciliegina sulla torta.

Provo a farmi capire meglio. La tua richiesta di finanziamento deve essere presentata a una Banca, illustrata a un suo funzionario il quale la prende in consegna, inizia a visionarla, la analizza ecc.

Poi cosa fa generalmente? La ripone sulla sua scrivania o sulla libreria o nell'archivio collocato nel suo ufficio. A quel punto la tua richiesta va a unirsi alle altre già presentate dai clienti della Banca. Sicuramente il fatto che questa sia ben presentata, in quanto collocata all'interno di un raccoglitore, è un particolare che rimane impresso, il funzionario memorizza questi aspetti e la ritrova con più facilità rispetto ad altre meno ordinate. Ma può succedere che lo stesso funzionario la collochi sotto molte altre, oppure che la consegni ad altri suoi colleghi. Quindi, perché la tua richiesta, dovunque si trovi, sia ben visibile e rintracciabile ha bisogno di un'ulteriore rifinitura. È come quando cerchi un libro nella libreria di casa o in un negozio, spesso la prima cosa che fai è cercare il titolo e la copertina.

La stessa cosa deve accadere per chi cerca la tua richiesta. Quindi occorre inserire sul tuo contenitore, sia sulla parte frontale sia sulla parte laterale, una locandina che ne riporti i dati principali. A seconda del tipo di richiesta, delle finalità, del soggetto richiedente, puoi integrare la locandina con una parte grafica e dei colori che aiutano a focalizzarla, oppure con una foto dell'oggetto che vuoi acquistare, tutto ciò aiuta a farla ricordare meglio.

SEGRETO n. 17: inserisci nel raccoglitore una locandina sia frontale sia laterale indicando i dati principali della richiesta.

Esempio di parte frontale:

Soggetto richiedente: **Società X s.r.l.**

Sede legale: **via Mazzini 18**

Tipo di richiesta:

mutuo immobiliare a dieci anni

Data di presentazione: **25-02-2008**

Referente: **Dott. Pippo (Amministratore unico)**

Tel. **333.0000000**

Altro esempio:

Soggetto richiedente: **Società X s.r.l.**

Sede legale: **via Mazzini 18**

Tipo di richiesta:

mutuo immobiliare a dieci anni

Data di presentazione: **25-02-2008**

Referente:

Dott. Pippo (Amministratore unico)

Tel. **333.0000000**

Fonte foto: immagine google: www.trova-casa.net

RIEPILOGO DEL GIORNO 4:

- SEGRETO n. 14: partecipa in modo attivo alla costruzione della tua richiesta di finanziamento, la Banca deve finanziare te, non il tuo professionista.
- SEGRETO n. 15: occorre leggere e studiare la richiesta di finanziamento per essere preparati alle eventuali domande o richieste di chiarimento da parte della Banca.
- SEGRETO n. 16: metti tutti i documenti necessari per la richiesta di finanziamento all'interno di un unico raccoglitore.
- SEGRETO n. 17: inserisci nel raccoglitore una locandina sia frontale sia laterale indicando i dati principali della richiesta.

GIORNO 5:

Come presentarsi alla Banca

Hai visto come preparare la documentazione, hai la richiesta di finanziamento o il business plan pronto, hai studiato bene il tutto e hai collocato la documentazione in un raccoglitore dotato di copertina, inoltre hai ben chiara la parte immaginaria.

Scegliere la Banca

A questo punto è giunto il momento di scegliere la Banca alla quale presentare la richiesta di finanziamento. Ho usato la frase "scegliere la Banca" perché la scelta dell'Istituto di credito non è casuale.

Capita spesso che chi deve richiedere un finanziamento abbia già dei rapporti in essere con alcuni Istituti di credito, magari ha già aperto un conto corrente oppure, se trattasi di un'azienda, ha già dei finanziamenti o delle linee di credito accordate.

Il mio consiglio è di partire sempre da una Banca con la quale hai già rapporti (chiaramente se questi rapporti non sono stati compromessi per qualsiasi motivo); questo perché già ti conosce, anche se non sempre in modo approfondito, quindi se specialmente ti ha già concesso delle linee di credito o ti ha già elargito un finanziamento vuol dire che ha un giudizio sufficientemente positivo su di te o sulla tua azienda.

Prima dell'incontro con il funzionario può capitare che inizialmente a presentare la richiesta di finanziamento sia il tuo professionista (consulente, commercialista, mediatore creditizio ecc.), ma nella fase successiva, dopo che la richiesta è in possesso della Banca, la stessa ti convoca, sia per farti firmare la documentazione prevista per legge (privacy, informative, contratti ecc.) sia per andare ad approfondire i termini della richiesta e a sottoporti alcune domande di chiarimento.

SEGRETO n. 18: nello scegliere la Banca alla quale sottoporre la richiesta di finanziamento, è opportuno partire da una Banca con la quale hai già rapporti (sia come persona fisica sia come azienda).

L'abito fa il monaco

È giunto il giorno di andare in Banca per presentare o discutere, se già presentata dal tuo professionista di fiducia, la richiesta di finanziamento. Questa è sicuramente una fase importante nel tuo cammino. In questa fase si sommano vari stati d'animo, paure e sensazioni. Esempi:

- la paura che la Banca ti dica di no subito, perché non è interessata alla richiesta;
- oppure, se si tratta di finanziare un nuovo progetto, ti dica che non è interessata all'idea;
- la paura e l'emozione di parlare e spiegare le tue intenzioni che devono comunque interessare e convincere in primo luogo il funzionario della Banca alla quale vai a rivolgerti;
- la timidezza che puoi avere e altre emozioni.

Converrai con me che chiedere un finanziamento è un momento importante, tanto più se questo finanziamento, come spesso accade, è fondamentale per risolvere alcuni problemi che abbiamo in quel preciso momento, sia nella nostra attività lavorativa che nella nostra vita familiare.

Ok, se ritieni giusto quanto ti ho appena detto sopra, allora riterrai opportuno che di fronte a un appuntamento importante occorre presentarsi nel modo migliore, sia mentale sia nell'aspetto. Quindi indossa un abito appropriato, curati un minimo e ricordati che la prima impressione che avrà di te il tuo interlocutore bancario è molto importante. Questa impressione sarà caratterizzata da diversi elementi, ma il primo elemento sarà sicuramente **il tuo aspetto**, da lì entreranno in gioco gli altri elementi: la tua voce, come esponi i tuoi ragionamenti, come descrivi ciò che vuoi fare, la tua preparazione alle domande che il funzionario della Banca può rivolgerti ecc.

Ti dico questo perché mi capita di vedere il cliente presentarsi in Banca con un look non idoneo, esempio con la tuta da lavoro o con un aspetto trascurato, questo elemento non lo aiuta sicuramente a trasmettere positività al suo interlocutore bancario.

Tu andresti alla comunione di tuo figlio, o al tuo matrimonio con la tuta da lavoro? Penso proprio di no. Quindi vestiti in modo appropriato per partecipare all'incontro.

SEGRETO n. 19: vestiti in modo adeguato quando vai all'incontro con il funzionario della Banca per presentare la tua richiesta di finanziamento.

Il modo di comunicare

Nell'incontro con la Banca il secondo elemento che emerge è il modo che hai di comunicare, il tono della tua voce, il modo di gesticolare, ciò che dici.

Anche qui provo a darti alcuni suggerimenti: usa un tono pacato ma non sottomesso, devi far capire che sei fortemente convito di ciò che vuoi, ma non devi aggredire con un tono alto il tuo interlocutore. Attraverso questo suggerimento puoi ottenere che il tuo interlocutore inizi ad acquistare fiducia in te e interesse per quello che gli stai presentando. Cerca anche di parlargli della parte immaginaria, aiutandoti con alcuni esempi o analogie.

Esempio: se devi finanziare la costruzione di un capannone industriale per far produrre la tua azienda, cerca di fargli capire come sarà alla fine, una volta terminata la costruzione, le possibilità di sviluppo che avrà la tua azienda, la possibilità di dare nuovi posti di lavoro, il piacere che proveranno i tuoi dipendenti a lavorare nella nuova struttura migliore e più moderna, i benefici in termini di minor costi che prevedi di ottenere e i risultati positivi che prevedi di raggiungere in termini di maggiori ricavi, digli che hai intenzione a costruzione finita di fare una piccola festa di inaugurazione della nuova struttura, e magari di fare un comunicato stampa dove andrai a citare anche il nome della Banca che ha contribuito alla realizzazione e quindi allo sviluppo della tua azienda ecc.

Se invece sei andato in Banca come persona fisica per una richiesta di mutuo necessario per l'acquisto della casa dove vuoi andare ad abitare con la famiglia, puoi cercare di parlare al tuo interlocutore della parte immaginaria che riguarda la normale vita familiare, se hai dei figli puoi parlare della gioia che avranno nel trasferirsi nella nuova casa, magari anche il funzionario ha dei figli e quindi sarà più piacevole parlare di loro, oppure della tua felicità perché con la nuova casa avrai una stanza tutta per te e i tuoi hobby, oppure perché con la nuova casa sarai a cinque minuti dal posto di lavoro mentre oggi sei a più di un'ora.

Questi consigli non hanno lo scopo di invitarti a sottovalutare l'incontro né a sminuire la professionalità del funzionario, ma servono solo a cercare di vivere un momento importante, per molti di noi, vedendo anche la parte piacevole che può essere condivisa con chi ci sta di fronte.

Può capitare di trovare funzionari di Banca caratterialmente chiusi e con poca voglia di parlare, ma capita spesso di trovare persone molto piacevoli che apprezzano lo scambio di impressioni e la sincerità.

Se farai tutto questo, prima ancora che il tuo interlocutore bancario abbia aperto il contenitore con i documenti della richiesta di finanziamento, sarai riuscito a metterlo in una condizione ottimale e positiva per iniziare ad analizzarla. Ricordati sempre l'aspetto positivo e immaginario che sta dietro una richiesta di un finanziamento.

SEGRETO n. 20: attraverso il modo di comunicare entra in sintonia con il tuo interlocutore bancario, aiutati con la parte immaginaria.

Come farsi consigliare

Hai fatto tutti i passaggi correttamente e hai appena creato la giusta atmosfera per far analizzare la tua richiesta dal funzionario della Banca.

A questo punto possono verificarsi due ipotesi. La prima ipotesi è che il funzionario abbia già visionato la richiesta, magari perché anticipata dal tuo professionista di fiducia e ti sottoponga alcune domande o chiarimenti. La seconda ipotesi è che il funzionario non abbia visionato la tua richiesta trovandosi così a farlo per la prima volta.

In entrambi i casi devi essere in grado, nei minuti in cui si svolge l'incontro, di spiegare cosa vuoi fare, quanto denaro ti occorre e a cosa serve ciò che vuoi finanziare.

Mi dirai sicuramente che tutto questo lo abbiamo già ripetuto più volte e quindi non ti dico niente di nuovo. Ti rispondo subito.

Quando avrai finito di spiegare tutto quello che ho descritto sopra e dopo che il funzionario ti avrà rivolto alcune richieste di chiarimento, alle quali, avendo studiato bene il tutto, sarai sicuramente in grado di dare risposta, occorre sottoporgli le seguenti domande:

- Cosa ne pensa della mia richiesta?
- Secondo lei qual è la migliore soluzione tecnica affinché la Banca possa accettarla?
- Che consigli può darmi per migliorarla o modificarla?
- Avrei piacere che venisse, Lei o un suo collega, a visitare la mia azienda, così potrà verificare di persona la validità della mia attività, i miei dipendenti, i macchinari ecc. (in caso si tratti di un'azienda).
- Può darmi una data per fissare la visita? (in caso si tratti di un'azienda).

Ti invito a non sottovalutare le domande che ho suggerito perché ti garantisco che sono molto importanti.

Dico questo perché il funzionario che si trova davanti la tua richiesta di finanziamento vede e analizza nel suo lavoro centinaia di richieste simili alla tua, sa come ragiona la Banca che rappresenta, sa per esempio se la stessa, in quel preciso momento, ha intenzione di fare più operazioni di mutuo immobiliare oppure vuole incrementare i piccoli prestiti, oppure vuole fare nuove aperture di conti correnti per acquisire nuova clientela ecc.

In sintesi, il funzionario che ti trovi di fronte ha una sensibilità e una conoscenza su ciò che vuole fare la Banca per la quale lavora che tu generalmente non hai. Per aiutati a capire meglio ti faccio un esempio.

Supponiamo che tu abbia presentato una richiesta per acquistare una casa ipotizzando un mutuo a vent'anni. Durante l'incontro, il funzionario al quale poni le domande che ti ho suggerito può consigliarti per esempio di spostare il periodo a venticinque anni, magari con due anni di pre-ammortamento iniziale, dove nei primi due anni paghi solo gli interessi e dal terzo anno inizi a pagare la quota interessi più la quota capitale.

Oppure di fronte a una richiesta di finanziamento chirografo a cinque anni avente la finalità di dare liquidità alla tua azienda può consigliarti di rivedere l'importo richiesto sia in aumento sia in diminuzione e magari portare il periodo della durata a sette anni.

Questi suggerimenti possono essere da te accettati oppure no, ma ricordati che molto probabilmente quello consigliato è il percorso migliore affinché la tua richiesta di finanziamento possa andare a buon fine presso la Banca alla quale ti sei rivolto. Se analizzi, nel primo esempio il percorso consigliato consiste nel modificare la richiesta iniziale da venti a venticinque anni con due di pre-ammortamento.

Questo può succedere perché in quel momento la Banca vuole fare più mutui con queste caratteristiche e meno mutui con altre caratteristiche. I motivi di tale scelta e dei vari perché non sono di nostro interesse e non rientrano nelle finalità di questo ebook.

SEGRETO n. 21: fatti consigliare dal tuo interlocutore bancario, ponendogli le domande che ti ho suggerito per cercare di raggiungere il buon esito della tua richiesta.

Come chiudere l'incontro

Hai fatto tutto bene, hai seguito tutti i consigli e le tecniche che ti ho suggerito e stai per concludere l'incontro col funzionario di Banca. A questo punto non mi resta che consigliarti su come va chiuso l'incontro e per farti capire meglio questa fase, faccio l'esempio del percorso che fa generalmente una richiesta di finanziamento all'interno di una Banca.

Prima tappa

Il percorso comincia sulla scrivania del funzionario addetto a quella tipologia di richiesta (addetto mutui privati, finanziamenti aziende ecc.).

Seconda tappa

Se la Banca ha interesse ad approfondirla, la tua richiesta passa alla scrivania dell'ufficio fidi o ufficio tecnico, che la analizza tecnicamente, valuta in sintesi se è fattibile, se ci sono le fonti di rimborso, le garanzie e quant'altro sufficiente a garantire la stessa.

Terza tappa

Superata la fase tecnica, procede sulla scrivania di colui o coloro che deliberano, in genere si tratta di un comitato deliberante formato da alcuni funzionari.

Quarta tappa

Se la delibera è positiva la tua richiesta si ferma sulla scrivania del funzionario addetto a contattare il cliente, per formalizzare il tutto e firmare la documentazione necessaria.

Questo percorso a tappe è generico e può variare a seconda della richiesta di finanziamento, della tipologia di intervento (mutuo, leasing, fido c/c), degli importi richiesti, ma in tutti i casi fa comunque un percorso a tappe più o meno lungo.

Ora che ti ho spiegato il percorso della richiesta, ritorniamo con il ragionamento a come chiudere l'incontro col funzionario. Finito di parlare dei vari aspetti riguardanti la tua richiesta, ti consiglio (tempo permettendo) di entrare in argomenti piacevoli col funzionario che hai di fronte, parlando, per esempio, dei figli, se entrambi ne avete, o di una squadra di calcio o di altro, purché si faccia uscire la discussione da quel clima formale che generalmente si genera parlando di soldi e analizzando la richiesta di finanziamento.

Se riuscirai a fare ciò avrai fatto un altro passaggio positivo per il prosieguo del cammino. A questo punto sta per finire l'incontro e devi ricordarti alcune domande fondamentali da fare al funzionario, che sono:

- Può dirmi che iter procedurale avrà la mia richiesta e quanto tempo occorrerà per ottenere una risposta dalla vostra Banca?
- Può lasciarmi i suoi recapiti telefonici per contattarla?
- Posso rivolgermi a lei per sapere come sta procedendo la mia richiesta?

Se hai capito come si svolge l'iter di una richiesta di finanziamento e hai letto le varie tappe del suo percorso, capisci anche l'importanza di queste domande che in base alle risposte ti consentono di seguire la tua richiesta o quanto meno di sapere a che punto si trova.

SEGRETO n. 22: ricordati le domande utili quando chiudi l'incontro di presentazione della richiesta di finanziamento con il funzionario della Banca.

RIEPILOGO DEL GIORNO 5:

- SEGRETO n. 18: nello scegliere la Banca alla quale sottoporre la richiesta di finanziamento, è opportuno partire da una Banca con la quale hai già rapporti (sia come persona fisica sia come azienda).
- SEGRETO n. 19: vestiti in modo adeguato quando vai all'incontro con il funzionario della Banca per presentare la tua richiesta di finanziamento.
- SEGRETO n. 20: attraverso il modo di comunicare entra in sintonia con il tuo interlocutore bancario, aiutati con la parte immaginaria.
- SEGRETO n. 21: fatti consigliare dal tuo interlocutore bancario, ponendogli le domande che ti ho suggerito per cercare di raggiungere il buon esito della tua richiesta.
- SEGRETO n. 22: ricordati le domande utili quando chiudi l'incontro di presentazione della richiesta di finanziamento con il funzionario della Banca.

GIORNO 6:
Come accompagnare la richiesta fino all'erogazione

Qualsiasi richiesta di finanziamento, a mio parere, non può essere lasciata in balia di se stessa, questo perché è troppo importante avere una risposta (possibilmente positiva) sull'esito del finanziamento.

Quindi, dopo che hai elaborato tutto con cura, hai utilizzato tutte le tecniche e le strategie indicate nei capitoli precedenti, hai curato tutti i passaggi e soprattutto hai un obiettivo da raggiungere, qualunque esso sia, ricordati che la tua richiesta di finanziamento non va lasciata in balia di se stessa ma va accompagnata.

Infatti non c'è un tempo standard per avere una risposta da una Banca, inoltre come ti ho detto ogni richiesta di finanziamento è un caso a sé, comunque è possibile ipotizzare un tempo medio di iter bancario che va da un minimo di venti giorni a un massimo novanta-centoventi giorni. In alcune tipologie di finanziamento, per sapere se la richiesta va o non va a buon fine, di solito occorre meno tempo rispetto ai centoventi giorni ipotizzati, ma il suo completamento fino all'erogazione può impiegare questo arco di tempo. Anche questo aspetto varia a seconda del tipo della richiesta.

Mi riferisco in particolare a operazioni di mutuo o leasing immobiliare che richiedano perizie da parte di un tecnico della Banca, verifiche catastali sul bene, ma anche operazioni come finanziamenti chirografi o linee di credito a breve termine per aziende.

In certi casi queste tipologie di richieste di finanziamento possono essere assistite da garanzie di Consorzi Fidi o altri soggetti di garanzia che hanno la necessità di analizzare a loro volta la richiesta di finanziamento per concedere una garanzia aggiuntiva alla Banca (più avanti ti spiegherò meglio questo aspetto).

Mentre per operazioni di piccoli prestiti e leasing per l'acquisto di auto o attrezzature per lavoro o mutui per persone fisiche finalizzati all'acquisto della casa, di solito i tempi sono più brevi.

Come ti ho detto si tratta di tempi medi, ma sufficientemente indicativi per farti capire che in questo periodo occorre monitorare a intervalli di dieci-quindici giorni il percorso che sta facendo la tua richiesta.

Accompagnare la richiesta

Cosa significa accompagnare una richiesta di finanziamento? Significa che, se hai creato un rapporto cordiale e positivo con il funzionario di Banca dopo aver avuto l'incontro di presentazione, è utile coltivare questo rapporto anche durante la fase di lavorazione e di istruttoria della stessa. Infatti dopo avergli lasciato la richiesta è opportuno telefonargli o fargli visita in ufficio una volta ogni dieci-quindici giorni, oppure chiedere al funzionario quando ha più piacere di essere contattato, magari dopo dieci giorni oppure è sufficiente un periodo più breve.

Questo è il metodo che consiglio per sapere a che punto si trova, nell'iter che fa all'interno della Banca, la tua richiesta di finanziamento. Devi gestire questa fase con discrezione, senza disturbare eccessivamente il tuo interlocutore, ma devi sempre ricordarti che fortunatamente non c'è una sola Banca.

Per cui qualora questa risposta sull'esito della tua richiesta tardi ad arrivare, o il funzionario inizi a farsi negare alle tue chiamate o risponda in modo evasivo alle tue domande, devi agire richiedendo indietro la tua documentazione e portare il tutto a una nuova Banca, come ti spiegherò di seguito.

SEGRETO n. 23: accompagna la tua richiesta di finanziamento, programma degli appuntamenti di persona o telefonici con il funzionario della Banca, cerca di sapere a che punto si trova la tua richiesta nell'iter bancario.

Prima di spiegarti a grandi linee le fasi di lavorazione che riguardano la tua richiesta all'interno della Banca, voglio suggerirti di farti sempre rilasciare dalla stessa, al momento della consegna del raccoglitore contenente i documenti, una ricevuta.

Per far ciò basta fare la copia della relazione di sintesi oppure creare un foglio a parte con i principali dati della richiesta e chiedere al funzionario se gentilmente può apporci un timbro e una firma “per ricevuta”.

Facsimile di ricevuta

Nome del mittente o carta intestata dell’azienda

In data X consegno alla Banca Y la seguente richiesta di finanziamento:

Mutuo immobiliare per acquisto capannone.

Importo richiesto: 1.000.000 di euro.

Periodo: 15 anni.

Elenco dei documenti allegati:

- bilanci;
- denuncie dei redditi;
- documento d’identità.

Data Timbro e firma della Banca

per ricevuta

Questo documento ti è utile nel periodo di accompagnamento della richiesta per avere sempre sotto controllo la data di presentazione, indicata nella ricevuta.

Inoltre è un documento che può esserti utile all'interno di un'azienda a dimostrare ad altri (soci e terzi) che in data X è stata presentata una richiesta di finanziamento alla Banca Y.

SEGRETO n. 24: quando consegni la tua richiesta di finanziamento alla Banca, occorre farsi rilasciare una ricevuta con timbro e firma del funzionario che la prende in consegna. Nel foglio di ricevuta è opportuno indicare le principali caratteristiche e la data di presentazione.

La fase di inizio istruttoria

Dopo che ha preso in consegna la tua richiesta, la Banca inizia la fase di istruttoria. Una delle prime cose che fa l'Istituto consiste nella richiesta della **centrale rischi** relativa alla tua azienda o alla tua persona. Come anticipato nell'introduzione dell'ebook è arrivato il momento di spiegare cosa è la centrale rischi. Per fare ciò riporto alcune parti di un articolo preso su Internet che spiega, a mio giudizio, in modo semplice ma completo cosa sono le centrali rischi, così che tu possa avere un minimo di informativa:

Cosa sono e perché si è censiti nelle centrali rischi

Le centrali rischi sono delle banche dati gestite da società private ove vengono contenuti i dati inerenti qualsiasi attività legata al mondo dei finanziamenti o mutui, o meglio in esse vengono contenuti informazioni tipo dati anagrafici, tipo di finanziamento richiesto, relativo importo, durata, garanti. Visto sotto questa ottica le banche dati conosciute anche come centrale rischi finanziari, rappresentano un potentissimo strumento, ai quali oramai nessuna Banca o finanziaria possa rinunciare.

Infatti, grazie appunto ai dati contenuti negli archivi della centrale rischi finanziari, le Banche a seguito di domande di prestito o mutuo una volta consultate le centrali dei rischi, possono in misura alquanto precisa stabilire se quel tipo di prodotto finanziario possa essere concesso o no. Tuttavia è consueto pensare che essere registrati nelle centrali rischi finanziarie è un problema, ma questo è falso perché non è detto che essere censiti sia sinonimo di brutta reputazione, in quanto vengono registrate in esse tutte le azioni finanziarie tra cui quindi anche quelle positive.

Ad esempio se in passato abbiamo chiesto un prestito e questo è stato restituito in maniera ottimale, nella banca dati viene registrato che la nostra condotta è stata perfetta, quindi a un'eventuale richiesta di prestito in futuro, la nostra buona reputazione creditizia non fa altro che agevolare l'erogazione del finanziamento da parte delle Banche.

In Italia le maggiori centrali rischi sono tre: CRIF, CTC, Experian. Tra le citate, CRIF detiene la più grande banca dati conosciuta come Eurisc. Tecnicamente e per legge le centrali rischi devono sottostare a delle norme che ne regolano il comportamento e l'operatività. Ad esempio esiste un limite massimo di tempo per la registrazione dei dati, per la consultazione, e per la cancellazione dalla centrale rischi.

Ricordiamo solo a mero titolo di cronaca che una domanda di mutuo o prestito può essere tenuta registrata nei SIC per un massimo di sei mesi, oppure qualora abbiamo finito di pagare le rate di un eventuale prestito rispettando scadenza ecc., insomma dopo avere restituito il prestito senza particolari patemi, questa informazione verrà conservata per trentasei mesi. Capita a volte che le finanziarie o le Banche sbaglino nel comunicare questi dati alle centrali rischi tanto quindi da far registrare informazioni sbagliate con tutte le conseguenze che possono causare.

Quindi è logico pensare che i diretti interessati dopo una visura possano richiedere la cancellazione dei dati errati o l'aggiornamento o l'integrazione. Guai però a pensare che siano queste banche dati a decidere se il finanziamento possa essere concesso o no, esse contengono informazioni finanziarie del cliente riguardo anche la condotta finanziaria (eventuali prestiti insoluti in passato, ritardo dei pagamenti, elenco cattivi pagatori), tutte queste informazioni vengono raccolte dalle Banche o Finanziarie che in seguito decidono, anche valutando i dati delle centrali rischi, se concedere il finanziamento.

fonte: www.article-marketing.it

La fase dell'ufficio fidi

Superata la fase della centrale rischi senza aver riscontrato negatività, la Banca generalmente avvia la seconda fase, quella dell'ufficio fidi. Sicuramente ti ricordi che tra le varie tappe che fa la richiesta di finanziamento, si trova quella relativa all'ufficio tecnico o ufficio fidi. Infatti per decidere se procedere positivamente, di solito la Banca si avvale del parere del proprio ufficio fidi, il quale attraverso i suoi funzionari, i suoi sistemi informatici e di calcolo, lavora la richiesta sotto il profilo tecnico. In questa fase prevale l'aspetto tecnico e numerico della richiesta; per esempio, se la richiesta prevede un business plan, questo viene analizzato e ricalcolato con alcuni parametri bancari.

Nel caso che si tratti di analizzare una richiesta per un'azienda, la Banca utilizza dei criteri di valutazione in base ai parametri di Basilea 2 e alla fine della lavorazione attribuisce all'azienda una classe di merito che prende il nome di **rating.** Anche per questi termini (Basilea 2 e rating) già citati nell'introduzione dell'ebook è arrivato il momento di una spiegazione più approfondita.

Basilea 2 e il rating

Basilea 2 è l'accordo del comitato di Basilea in cui partecipano i saggi delle Banche centrali emanato nel giugno 2004, operativo nel gennaio 2007, che migliora il precedente accordo denominato Basilea 1 del 1988.

Basilea 1 proponeva che, per ogni somma prestata, la Banca doveva accantonare una somma pari all'8% del proprio capitale. Si trattava di un capitale di vigilanza accantonato senza tener conto del possibile rischio di insolvenza. Esempio: a fronte di un prestito di 100.000 euro, la Banca doveva accantonare una quota di patrimonio pari all'8% cioè 8.000 euro.

Diversamente l'accordo di Basilea 2 consente alla Banca una maggiore efficienza in quanto, in base alle diverse capacità dei soggetti di restituire il prestito, si differenziano gli accantonamenti patrimoniali in più o in meno a seconda del maggiore o minore rischio. Da ciò ne deriva che la quota di accantonamento che la Banca dovrà fare a fronte di un finanziamento erogato **varierà a seconda del merito creditizio dell'azienda affidata**.

Esempio: l'azienda avente un rating AAA genererà per la Banca accantonamenti sul suo patrimonio minori rispetto a un'azienda con rating C. Nel gennaio 2007 Basilea 2 è diventato operativo e le aziende hanno iniziato nei loro rapporti bancari a confrontarsi con questo strumento.

L'analisi che la Banca fa dell'azienda termina con l'attribuzione di un rating che **esprime la capacità dell'azienda di restituire il prestito**, per la sua formazione si tiene conto di diversi elementi, quali ad esempio i risultati storici ottenuti, gli obiettivi di sviluppo ipotizzati, i rischi e le opportunità che si possono incontrare, il business plan che l'azienda ha presentato, la tipologia degli investimenti che intende fare, la struttura finanziaria attuale e futura dell'azienda, chi sono gli imprenditori (la loro storia e credibilità), ecc. In base all'analisi degli elementi sopra descritti la Banca attribuisce una classe di merito creditizio all'azienda.

Classi di rating

Ogni Banca aderente all'accordo di Basilea 2 ha introdotto un sistema di classificazione della propria clientela in base alla rischiosità della stessa, in accordo con le direttive del Comitato di Basilea, tuttavia non è stato previsto un sistema standard di classificazione, ma ogni Banca potrà adottare una propria scala, costituita da varie classi di rischio (o di rating): tale scala potrà essere **alfabetica** (con le classi di rating rappresentate da combinazioni di lettere) o **numerica** (con le classi di rating rappresentate da combinazioni di numeri).

Il rating attribuito si ottiene analizzando i dati di bilancio storici e prospettici, integrati da altre informazioni numeriche. L'analisi consente di determinare i valori degli indicatori degli equilibri patrimoniale, economico, finanziario e del trend di sviluppo. I tre equilibri patrimoniale, economico, finanziario e il trend di sviluppo vengono classificati utilizzando le seguenti scale:

Scala Numerica			Scala alfabetica
Classe 1	Ottimo	15	AAA (Ottimo)
Classe 2	Buono	14	AA
Classe 3	Normale	13	A
Classe 4	Anomalo	12	BBB+ (Buono)
Classe 5	Pericoloso	11	BBB-
		10	BB+
		9	BB-
		8	B+ (Normale)
		7	B-
		6	CCC+ (Anomalo)
		5	CCC-

		4	CC+
		3	CC-
		2	C (Pericoloso)
		1	D

In conclusione la qualità del credito che le Banche concedono alle aziende è determinata da indicatori che tengono conto di elementi di natura finanziaria, gestionali e della capacità dell'imprenditore.

Da tutto ciò ne consegue che gli imprenditori non possono, soprattutto in una prima fase dell'attività, presentarsi alla Banca senza avere ben chiaro quale sarà il loro progetto imprenditoriale.

Le fonti di rimborso

Riprendiamo l'analisi della fase che svolge l'ufficio fidi; tra i vari parametri che la Banca analizza, uno dei principali è quello di valutare se una volta accordato il finanziamento ed effettuato l'intervento, qualunque esso sia (acquisto casa, acquisto capannone, ecc.), ci sono le fonti di rimborso sufficienti e in grado di garantire alla Banca che il finanziamento sarà restituito.

Le fonti di rimborso possono essere **storiche**, se già i dati consuntivati indicano che le fonti di rimborso sono disponibili (sia che si tratti di azienda sia di persona fisica).

L'esempio per capire meglio può essere quello di un'azienda che chiede un finanziamento chirografo a cinque anni per liquidità, la Banca andando ad analizzare i suoi bilanci consuntivi deduce che ad oggi l'azienda ha le capacità di rimborso sufficienti per far fronte alle rate annuali del finanziamento (es.: utile + ammortamento consuntivati nell'ultimo bilancio maggiori della rata di quota capitale da restituire al primo anno di finanziamento).

Oppure una persona fisica che chiede un finanziamento per l'acquisto di un'auto da 20.000 euro, ha un reddito da lavoro consuntivato già negli ultimi tre anni di 50.000 euro annui, non ha altri prestiti in corso, quindi la Banca deduce che, se accorda il finanziamento, il soggetto ad oggi ha le capacità di rimborso sufficienti.

Altra tipologia delle fonti di rimborso sono quelle **previsionali**, cioè al momento dell'analisi le fonti di rimborso non sono sufficienti (o inesistenti) per garantire la restituzione del finanziamento, ma potranno esserlo successivamente.

Per aiutarti a capire meglio, faccio l'esempio di un'azienda neo costituita che ha necessità di acquistare dei macchinari per iniziare a produrre. In questo caso la Banca può avere dei dati storici sull'imprenditore ma non sull'azienda in quanto è appena stata costituita. Quindi la stessa deduce le fonti di rimborso dai bilanci previsionali (business plan) che indicano i dati che si ipotizza saranno conseguiti. Siamo nella condizione in cui diventa molto importante redigere un business plan corretto che tenga conto nella stesura dei dati previsionali di questo aspetto analizzato dalla Banca.

Questa casistica delle fonti di rimborso previsionali può interessare anche una persona fisica. La Banca di fronte a una richiesta di finanziamento analizza le fonti di rimborso (o di reddito) attuali. Supponiamo che la persona non abbia reddito in quanto non sta lavorando, ma ha già sottoscritto un contratto di lavoro con assunzione a tempo indeterminato presso un'azienda.

In questo caso la Banca, se decide di concedere il finanziamento, andrà a valutare il soggetto richiedente su fonti di rimborso previsionali e non storiche.

Ritorniamo alla fase di lavorazione della richiesta da parte dell'ufficio fidi della Banca. Durante l'analisi e la lettura dei documenti, la Banca può richiederti ulteriori informazioni e chiarimenti su quando hai fornito. Quindi se hai seguito i miei consigli, hai fatto un business plan o una relazione di sintesi che già tiene conto degli aspetti tecnici e se hai studiato bene il tutto, in caso di eventuali richieste di chiarimento da parte dell'ufficio fidi sei preparato per rispondere e affrontare l'argomento.

In caso di domande che ti vengano rivolte dal funzionario dell'ufficio fidi, consiglio di farti sempre spiegare bene cosa ti sta chiedendo e perché. Capire questo può esserti utile in caso di presentare la richiesta a un'altra Banca, per apportare eventuali modifiche prima di ripresentarla (capirai meglio questo aspetto nel Giorno successivo).

Per monitorare questa fase occorre usare lo stesso metodo

spiegato prima, che consiste nel contattare il funzionario al quale hai presentato la richiesta o eventuale altro funzionario indicato successivamente, per sapere come sta procedendo, rendendosi disponibili a un ulteriore incontro con l'ufficio fidi della Banca, per eventuali chiarimenti necessari.

SEGRETO n. 25: nella fase in cui la richiesta di finanziamento è all'esame dell'ufficio fidi della Banca, preparati a eventuali chiarimenti tecnici richiesti, ripassa bene il tutto e fatti aiutare a capire ciò che non hai chiaro.

La fase di delibera

Dopo che la richiesta ha superato l'analisi tecnica, se la Banca ha deciso di procedere si passa alla fase di delibera. Anche in questo caso non esistono procedure uguali per tutte le richieste, ma variano da Istituto a Istituto e da richiesta a richiesta. Generalmente l'iter per la delibera varia a seconda dell'importo da finanziare.

Esistono infatti delibere che vengono concesse da veri e propri comitati, denominati generalmente comitati di delibera, specialmente per importi elevati. In questi casi si tratta di un gruppo di dirigenti bancari che in modo collegiale valutano le varie richieste di finanziamento, riunendosi in alcuni giorni del mese, di solito prestabiliti, e decidono se deliberare o meno le varie richieste analizzate.

Altro caso riguarda le delibere per importi più piccoli che possono rientrare nell'autonomia della stessa filiale. Per esempio può capitare che per finanziamenti sotto forma di mutuo immobiliare per l'acquisto della prima casa o piccoli prestiti personali sia lo stesso direttore di filiale ad avere l'autonomia per deliberare. Ciò varia da Banca a Banca e da zona a zona a seconda della grandezza della filiale.

Come vedi le casistiche sono molto varie, in questo caso la cosa che ti consiglio è di porre al funzionario di Banca alla quale presenti la richiesta, già dal primo incontro o nei colloqui successivi, le seguenti domande:

- In base all'importo della mia richiesta, chi ha le autonomie per deliberarla?
- Resta nell'autonomia di filiale oppure va ai comitati superiori,

e se va ai comitati superiori, in quale sede della Banca si prende la decisione? (direzione provinciale, regionale, nazionale).

Mi dirai, a cosa mi serve sapere chi delibera la mia richiesta? Ti serve per farti un'idea più precisa sui tempi di risposta per conoscerne l'esito. Infatti se a deliberare è il direttore di filiale, generalmente sono dei tempi più brevi rispetto a una pratica che deve essere deliberata in comitato di direzione regionale o dalla sede centrale della Banca.

Inoltre in questo capitolo ti ho già detto che se la Banca tarda a decidere devi agire e cambiare Banca, per cui converrai con me che per prendere questa decisione occorre sapere chi delibera, dove si delibera e i relativi tempi medi perché questo avvenga. Altrimenti il rischio è di andare a richiedere indietro la tua richiesta alla Banca senza che questa abbia concluso tutto l'iter procedurale interno che magari si sarebbe anche concluso positivamente.

SEGRETO n. 26: cerca di sapere a che livello di organo

interno alla Banca può essere deliberata la tua richiesta di finanziamento (livello di filiale, livello provinciale, livello regionale ecc.).

La fase di erogazione

Si è completata la fase di delibera, la Banca ha dato parere favorevole alla tua richiesta e sei arrivato alla tanto attesa fase di erogazione o concessione del finanziamento (nelle varie forme tecniche).

Questa è per molti la fase più bella di tutto il percorso di una richiesta di finanziamento.

Questo percorso può essere paragonato in certi casi a una vera e propria scalata di montagna con l'arrivo sulla vetta più alta o a una corsa a ostacoli, si conclude con la fase dell'erogazione o della concessione di quanto richiesto. Anche in questa fase le modalità possono variare da Banca a Banca, ma soprattutto da richiesta a richiesta. Facciamo alcuni esempi:

- Hai ottenuto la concessione di un mutuo di 200.000 euro per l'acquisto della casa, ma affinché la Banca proceda all'erogazione occorre formalizzare il contratto di mutuo con un atto dal Notaio.

- Hai ottenuto la concessione di un mutuo di 1.500.000 euro per l'acquisto di un capannone industriale ma affinché la Banca proceda all'erogazione occorre formalizzare il contratto di mutuo come sopra.
- Hai ottenuto la concessione di uno scoperto di conto corrente di 50.000 euro ma per formalizzarlo e renderlo operativo occorre passare dalla filiale della Banca a firmare alcuni moduli.

Vedi che i casi possono esseri molto diversi, come ti ho detto variano da richiesta a richiesta e da Banca a Banca, ma ciò che non varia è che a questo punto la Banca è pronta a erogare o a concedere quanto deliberato.

SEGRETO n. 27: completata la fase di delibera, se la Banca ha dato parere favorevole sei giunto alla fase di erogazione o concessione di quanto richiesto. A questo punto la Banca è pronta a erogare o a concedere quanto deliberato.

L’importanza del dopo finanziamento

Se hai letto bene nel paragrafo precedente, a un certo punto ho scritto: “Questa è per molti la fase più bella di tutto il percorso di una richiesta di finanziamento.”

Forse ti chiederai perché ho scritto **per molti e non per tutti**, perché a mio giudizio la parte più bella di tutto questo percorso è quella che si svolge dopo l’erogazione e dopo aver fatto l’esperienza di un cammino come quello appena descritto che ti ha portato ad avere il finanziamento. Completando il percorso della richiesta e ottenendo il finanziamento, hai raggiunto un obiettivo molto più importante del finanziamento fine a se stesso.

So che ti chiederai quale è questo obiettivo che hai raggiunto, tanto importante da far passare in secondo piano il fatto che con il finanziamento appena ottenuto puoi finalmente comprarti la nuova casa o la nuova auto o sistemare la tua azienda. Quello che sto per dirti è una delle parti più significative che potrai imparare leggendo questo ebook.

Per concederti il finanziamento la Banca, oltre a leggere tutta la tua richiesta e i tuoi documenti, ha fatto la cosa più importante, **ti ha ritenuto un soggetto affidabile al quale concedere credito**.

Con la concessione di un finanziamento generalmente inizia anche un rapporto continuativo con la Banca che si concretizza per esempio, nel caso di un mutuo, alle varie date di scadenza dove devi provvedere al pagamento, o in tanti altri possibili casi.

La cosa importante è che nel prosieguo del rapporto con la Banca tu riesca a mantenere il giudizio positivo che quest'ultima ha di te, **di essere cioè un soggetto affidabile al quale continuare a dare fiducia e a concedere credito**.

Questo aspetto per me importantissimo è da molti trascurato, ma ti renderai conto che per qualsiasi nuova richiesta tu debba fare questo aspetto è fondamentale. Prova a immaginare di fare lo stesso percorso citato in questo ebook con una Banca che ti ha già concesso un finanziamento, con la quale hai avuto un comportamento corretto e trasparente: molto probabilmente sarà facile e in certi casi anche molto più veloce.

Questo accade non perché la Banca non analizza attentamente la documentazione o non valuta la tua richiesta, ma perché già ti conosce e ha una storia di te come cliente e di come ti sei comportato fino a quel momento. Cosa che, se non c'è già un rapporto in essere non può verificarsi.

L'importanza di essere ritenuto un soggetto affidabile a cui dare credito ti sarà sicuramente utile anche se ti rivolgi ad altre Banche le quali quando andranno ad analizzare la tua richiesta e a fare un'informativa sulla tua persona o sulla tua azienda, e avranno così un riscontro positivo.

Capita spesso di trovare degli imprenditori che hanno litigato con la Banca con la quale lavorano, dove hanno gli affidamenti o il mutuo in corso, magari solo perché non hanno comunicato delle informazioni, oppure perché stanno attraversando un momento di difficoltà e non ne parlano tempestivamente.

Questo è un comportamento che ti sconsiglio vivamente, perché genera l'opposto di quanto hai ottenuto con tanta fatica e quanto questo ebook ti insegna a fare. **Con questo comportamento stai**

perdendo la tua credibilità a ottenere credito.

SEGRETO n. 28: comportati correttamente nel rapporto con la Banca, se hai delle difficoltà finanziarie devi essere trasparente e sincero comunicandole tempestivamente. Devi riuscire a non perdere la tua credibilità bancaria.

RIEPILOGO DEL GIORNO 6:

- SEGRETO n. 23: accompagna la tua richiesta di finanziamento, programma degli appuntamenti di persona o telefonici con il funzionario della Banca, cerca di sapere a che punto si trova la tua richiesta nell'iter bancario.
- SEGRETO n. 24: quando consegni la tua richiesta di finanziamento alla Banca, occorre farsi rilasciare una ricevuta con timbro e firma del funzionario che la prende in consegna. Nel foglio di ricevuta è opportuno indicare le principali caratteristiche e la data di presentazione.
- SEGRETO n. 25: nella fase in cui la richiesta di finanziamento è all'esame dell'ufficio fidi della Banca, preparati a eventuali chiarimenti tecnici richiesti, ripassa bene il tutto e fatti aiutare a capire ciò che non hai chiaro.
- SEGRETO n. 26: cerca di sapere a che livello di organo interno alla Banca può essere deliberata la tua richiesta di finanziamento (livello di filiale, livello provinciale, livello regionale ecc.).
- SEGRETO n. 27: completata la fase di delibera, se la Banca ha dato parere favorevole sei giunto alla fase di erogazione o concessione di quanto richiesto. A questo punto la Banca è

pronta a erogare o a concedere quanto deliberato.

- SEGRETO n. 28: comportati correttamente nel rapporto con la Banca, se hai delle difficoltà finanziarie devi essere trasparente e sincero comunicandole tempestivamente. Devi riuscire a non perdere la tua credibilità bancaria.

GIORNO 7:
Se la Banca dice “no”, non scoraggiarti

Hai fatto quello che ti ho consigliato, hai preparato tutto con cura, hai gestito al meglio tutte le fasi, ma la Banca di fronte alla tua richiesta di finanziamento ti ha risposto di no: “Gentile Signore, siamo spiacenti, ma non siamo disponibili a concederle il credito richiesto”.

Quindi niente casa dei tuoi sogni, niente capannone per produrre, insomma niente di niente, hai il morale a terra e pensi di non potercela fare.

Cosa fare se ti dicono di no

Quando si parla di soldi si parla di un argomento molto delicato per ognuno di noi. Infatti i soldi ci occorrono per moltissime cose che facciamo nella nostra vita familiare e lavorativa ed è molto difficile se non impossibile farne a meno. Un *no* non è cosa facile da mandar giù, ma fortunatamente puoi continuare a sperare e per aiutarti a ricaricare il morale ti cito un vecchio detto che dice: “Finché c’è vita c’è speranza”. Io provo ad adattare questo detto, rendendolo più in tema con l’argomento dell’ebook: “Finché ci sono Banche c’è speranza”.

Questa frase devi ricordartela sempre quando vuoi richiedere un finanziamento, perché è la pura e semplice verità e sta a significare che quello che per una Banca non va bene non è detto che per un’altra sia la stessa cosa. Magari con un po’ di impegno e buona volontà, con qualche piccolo ritocco scopri che un’altra Banca valuta in modo diverso la tua richiesta e decide di dirti di sì, di concederti il finanziamento richiesto, procurandoti così una grande gioia.

SEGRETO n. 29: “Finché ci sono Banche c’è speranza”. Se la Banca ti dice di no cerca un’altra Banca.

Come ricaricarsi

Ti ho appena detto di provare a portare la tua richiesta di finanziamento a un’altra Banca, prima di farlo occorre ricaricare il morale e ritrovare quella mentalità positiva che sicuramente di fronte al *no* si può un po' affievolire.

La cosa migliore per ricaricarti a mio giudizio è quella di continuare a sognare. Quindi per prima cosa occorre farti restituire il raccoglitore con tutti i documenti relativi alla richiesta di finanziamento e rincominciare di nuovo il percorso. Per far ciò recati in Banca dal funzionario al quale hai presentato la richiesta e fatti restituire il tutto.

Può capitare che la documentazione relativa alla tua richiesta si trovi in un altro ufficio, in tal caso occorre insistere e ritornare di nuovo in Banca qualche giorno dopo, per ritirarla. Può anche darsi che la Banca si trattenga l'originale, in tal caso è sufficiente che ti restituisca una copia. Consiglio questo metodo perché evita di costruire di nuovo la richiesta dovendo rifare tutte le copie dei documenti.

SEGRETO n. 30: se la Banca ti risponde "no", per prima cosa devi farti restituire in originale o in copia il raccoglitore con i documenti relativi alla richiesta.

A questo punto hai di nuovo in mano la richiesta e inizi a pensare a quale nuovo Istituto bancario rivolgerti. Prima di far ciò voglio fare un passo indietro e ritorno col ragionamento al momento in cui ti rechi dal funzionario di Banca per farti restituire la documentazione.

Questo può sembrarti un momento poco importante ma in realtà non è così.

Infatti quando ritiri la documentazione devi ricordarti di fare queste semplici ma importantissime domande al funzionario della Banca:

- Perché la mia richiesta è stata bocciata?
- Quali problematiche sono emerse?
- Quali sono secondo lei i punti deboli?
- Se apporto dei correttivi posso ripresentarla a questa Banca?

Dopo aver fatto le domande è importante cercare di avere una risposta. Qualora il funzionario, per vari motivi, eviti di rispondere ti suggerisco di insistere e gentilmente fargli capire che per te riuscire ad avere il finanziamento è molto importante e ritieni che queste informazioni che stai chiedendo possano esserti molto utili per ripresentare di nuovo la richiesta.

Sono sicuro che ti starai chiedendo a cosa servono queste informazioni se la Banca ti ha già risposto negativamente.

Questo è vero, ma se capisci perché ha risposto di no, puoi capire quali sono i punti deboli della richiesta, così da poterci lavorare sopra e provare a migliorarli.

Di seguito ti renderai conto quanto sono importanti queste informazioni e capirai che con qualche ritocco e miglioria, magari con l'immissione nella richiesta di un po' di mezzi propri o inserendo a sostegno un ulteriore garante, si può migliorare la richiesta in modo sostanziale.

SEGRETO n. 31: cerca di capire perché la Banca ti ha detto di no, individuando così i punti deboli della richiesta di finanziamento.

Cosa cambiare

Per aiutarti a capire meglio come cambiare la tua richiesta, facciamo alcuni esempi:

Riprendiamo il caso del sig. Rossi citato nei capitoli precedenti che vuole acquistare una casa e supponiamo che la Banca abbia respinto la sua richiesta. Il sig. Rossi si reca dal funzionario a ritirare tutta la documentazione presentata e gli pone le seguenti domande:

- Perché la mia richiesta è stata bocciata?
- Quali problematiche sono emerse?
- Quali sono secondo lei i punti deboli?
- Se apporto dei correttivi posso ripresentarla a questa Banca?

Il funzionario risponde che la Banca ha respinto la sua domanda di finanziamento perché ha valutato insufficienti i mezzi propri inseriti nella richiesta, quindi aumentando i mezzi propri, o magari le garanzie, la richiesta può essere rivalutata e può avere parere positivo. Ti ricordi la relazione di sintesi? La parte garanzie e la parte tabellare inserita nell'esempio a pag. 41. Vediamola di nuovo.

Ulteriori garanzie

La sig.ra Rossi (mia moglie) è proprietaria di un immobile. ubicato a X in via G. Cesare n. 6, valore commerciale 150.000 euro e privo da ipoteche. L'immobile è attualmente affittato a un canone di 5000 euro l'anno, regolarmente pagato dall'inquilino come dimostrano le ricevute di pagamento allegate.

Tabelle di riepilogo

Descrizione costi	Importo	Mutuo richiesto	Mezzi propri
Costo acquisto immobile	**200.000**		
Spese notaio, agenzia, vari	**27.000**		
Liquidità aggiuntiva	**30.000**		
Totale importo	257.000	257.000	Non disponibili

	A	B
Coperture finanziarie annue	**Importo redditi netti annui dei due coniugi**	Importo rata annuale del mutuo, ipotizzato al tasso del 3,6% a 10 anni
Reddito sig. Rossi	50.000	
Reddito sig.ra Rossi	50.000	

Reddito da affitti sig.ra Rossi	5.000	
Totali	**105.000**	30.831
Saldo A-B	74.169	

Se analizziamo la tabella in relazione a quanto detto dalla Banca, possiamo notare che avevamo ipotizzato alla voce “Mezzi propri” non disponibili e alla voce “Ulteriori garanzie” l’immobile di proprietà della sig.ra Rossi (moglie).

Se i punti deboli della richiesta sono questi il sig. Rossi dovrà provare a migliorarli. Una possibilità è di valutare se egli ha delle disponibilità liquide, anche di modesta quantità, es. 10.000 euro da inserire nell’operazione e far vedere alla Banca la volontà di rischiare del capitale proprio.

Altra possibilità è di valutare se ha un parente (genitore, fratello o sorella) che può aggiungersi come fideiussore nella richiesta, dando così alla Banca maggiori garanzie. Può anche valutare di allungare il periodo del mutuo, avendo così una rata annuale più bassa, di fronte alla quale anche la Banca vede migliorare il rapporto tra le entrate e le uscite annue.

Oppure può non apportare nessuna modifica e ripresentare il tutto a un'altra Banca.

Riprendiamo anche l'esempio della società che vuole acquistare un capannone, limitandosi ad analizzare nuovamente il piano finanziario. Supponiamo che la Banca abbia dato una risposta negativa e che l'imprenditore abbia formulato le domande come nel caso precedente.

Dalle risposte del funzionario è emerso che, sebbene la Banca metta l'ipoteca sull'immobile che si va ad acquistare, ritiene insufficienti i mezzi propri conferiti dall'azienda e quindi o quest'importo viene aumentato portandolo almeno a 255.000 euro corrispondenti al 20% dell'investimento, o diversamente la Banca non può concedere il finanziamento. Riprendiamo il piano finanziario a pag. 65.

Piano finanziario

Nella tabella seguente andiamo a esporre in sintesi il piano finanziario dell'investimento.

Descrizione costi	Importi in euro	coperture finanziarie	Importiin euro	%sul totale importo
Costo acquisto capannone	1.000.000	Mutuo a un tasso del 4,5%	1.100.000	86%
Iva 20%	200.000	Mezzi propri	173.000	14%
Costo Notaio	30.000			
Allacci utenze	3.000			
Agenzia Immobiliare 3%	30.000			
Spese varie ed eventuali 1%	10.000			
Totali	**1.273.000**		**1.273.000**	**100%**

Di fronte a queste richieste la società può agire in diversi modi. Esempio:

- sottoscrivere un aumento di capitale di 82.000 euro che vada a migliorare i mezzi propri portandoli da 173.000 a 255.000 euro;
- provare a richiedere una garanzia aggiuntiva a un Confidi o ad altro Ente di garanzia e ripresentare la richiesta senza modificare i mezzi propri (nel Giorno successivo ti spiegherò meglio di cosa si tratta);

- lasciare la richiesta invariata e presentare il tutto a una nuova Banca.

Capisco che tutto ciò possa sembrarti banale, ma ti garantisco che molti dopo il primo "no" della Banca si arrendono subito e non si rendono conto che con qualche piccolo ritocco si può raggiungere l'obiettivo.

SEGRETO n. 32: se puoi, apporta le modiche alla tua richiesta, per migliorarla e ripresentarla alla Banca. Se non puoi modificarla o migliorarla, ripresentala ugualmente a una nuova Banca.

Considerazioni

I casi citati ad esempio in questo ebook sono casi semplici e con caratteristiche ottimali per richiedere un finanziamento. Il caso del sig. Rossi prevede due redditi e una casa già di proprietà della moglie. Il caso dell'azienda prevede un'attività già avviata e dei mezzi propri significativi oltre a un portafoglio ordini acquisito che garantisce continuità di lavoro.

Nella realtà non è sempre così, perché le situazioni possono essere anche molto peggiori e più complesse. Però quello che ho imparato, e spero di insegnarti, è che questo metodo di preparare e gestire una richiesta di finanziamento può consentire di affrontare anche situazioni più difficili e problematiche.

Non dico che sicuramente si possa raggiungere l'obiettivo ma si può provare, e per farlo occorre vedere la richiesta di finanziamento sotto vari aspetti con metodi di approccio diversi, ma la procedura da seguire è sempre quella che ti ho insegnato.

RIEPILOGO DEL GIORNO 7:

- SEGRETO n. 29: “Finché ci sono Banche c’è speranza”. Se la Banca ti dice di no, cerca un’altra Banca.
- SEGRETO n. 30: se la Banca ti risponde “no”, per prima cosa devi farti restituire in originale o in copia il raccoglitore con i documenti relativi alla richiesta.
- SEGRETO n. 31: cerca di capire perché la Banca ti ha detto di no, individuando così i punti deboli della richiesta di finanziamento.
- SEGRETO n. 32: se puoi, apporta le modiche alla tua richiesta, per migliorarla e ripresentarla alla Banca. Se non puoi modificarla o migliorarla, ripresentala ugualmente a una nuova Banca.

GIORNO 8:
I Confidi e gli altri Enti di Garanzia

In alcuni passaggi dei precedenti capitoli ho citato i Consorzi Fidi o Enti di Garanzia. Ritengo utile dedicare un capitolo a questo argomento perché è molto importante conoscere cosa sono, a cosa possono servire e come utilizzare i Consorzi Fidi o gli altri Enti di Garanzia per accedere al credito.

Consorzi fidi o “Confidi”

I consorzi di garanzia collettiva (Confidi) nascono dalla necessità di agevolare, attraverso lo strumento dell’associazionismo, l’accesso al credito da parte delle micro, piccole e medie imprese operanti nei settori manifatturiero, del commercio, dell’artigianato, del turismo, della pesca, dell’agricoltura.

Tali aziende, infatti, da sole possono incontrare delle difficoltà per ottenere un finanziamento a causa, essenzialmente, dei seguenti motivi:

- la loro piccola dimensione, che può comportare un aumento del prezzo del credito sia dei tassi di interesse che delle altre spese, compreso il fatto di limitare la quantità del credito concesso;
- l'impossibilità di offrire idonee garanzie, condizione che può causare il rifiuto del finanziamento richiesto o limitarne la quantità oppure rendere poco competitive le condizioni proposte per averlo (tassi di interesse e altre spese);
- nel caso di società di capitali, la poca capitalizzazione che si riscontra in molte azienda italiane e generalmente comporta uno squilibrio finanziario dell'azienda.

Con l'intervento dei Confidi alle imprese, queste difficoltà vengono attenuate; alla debolezza contrattuale della singola impresa, infatti, si sostituisce la "forza" del consorzio che riesce a ottenere migliori condizioni nei finanziamenti e in certi casi l'aumento dei limiti del credito concesso per le imprese consorziate. Generalmente dietro un Confidi è possibile trovare un'associazione di categoria, come Confesercenti, Confcommercio, Associazione degli Industriali ecc.

Altra caratteristica è che alcuni Confidi hanno un raggio di intervento su base regionale e altri su base nazionale. Il loro intervento è reso possibile perché i Confidi costituiscono un "fondo rischi" alimentato da tutti gli associati; grazie a tale fondo il Confidi garantisce una percentuale del finanziamento che la Banca concede all'azienda.

SEGRETO n. 33: con l'utilizzo dei Confidi, alle imprese vengono attenuate le difficoltà relative all'accesso al credito, dovute alla loro debolezza contrattuale, che possono avere singolarmente nella trattativa con la Banca.

La garanzia varia generalmente dal 30 al 50% della somma del finanziamento concesso, ma è possibile in alcuni casi, e a seguito di accordi specifici stipulati tra il Confidi e la Banca convenzionata, arrivare a una garanzia fino all'80% dell'importo del finanziamento. Per il rilascio della garanzia l'associato paga al Confidi una commissione che varia a seconda del tipo di finanziamento (in media oscilla dall'1 al 3%). Ogni Confidi stabilisce un importo massimo di garanzia da impiegare sulla singola azienda, ad esempio 500.000 euro.

Le forme tecniche di garanzia sono sostanzialmente due, una denominata **sussidiaria** e l'altra **a prima richiesta**.

La garanzia sussidiaria sta a significare che il Confidi rilascia alla Banca una garanzia in percentuale sul finanziamento, ad esempio il 50%, e qualora l'azienda, una volta ottenuto il finanziamento non sia in grado di restituirlo, la Banca andrà a rivalersi prima sulle garanzie prestate dall'azienda o prestate dall'imprenditore (fideiussioni, ipoteche ecc.).

Una volta escusse, se il ricavato non è sufficiente a estinguere il finanziamento ancora in essere, andrà a escutere la garanzia del Confidi, nel nostro caso fino a un massimo del 50% dell'importo del finanziamento.

La garanzia a prima richiesta sta a significare che il Confidi rilascia alla Banca, come nel caso precedente, una garanzia in percentuale sul finanziamento, ad esempio il 50%; qualora l'azienda che ha ottenuto il finanziamento non sia in grado di restituirlo, la Banca andrà a rivalersi prima sulle garanzie prestate dal Confidi, in quanto è già in possesso di una garanzia che copre a prima richiesta (come dice lo stesso nome) il 50% del finanziamento in caso di insolvenza da parte dell'azienda. Successivamente o in contemporanea la Banca andrà a rivalersi sulle garanzie dell'azienda o prestate dall'imprenditore (fideiussioni, ipoteche ecc.).

Avrai certamente capito che ottenere dal Confidi il rilascio di una garanzia a prima richiesta ha un'importanza maggiore per la Banca ma anche per l'azienda.

SEGRETO n. 34: le forme tecniche di garanzia sono sostanzialmente due, una denominata sussidiaria e l'altra denominata a prima richiesta.

In altre parole, i Confidi non sono destinatari di aiuti diretti, ma svolgono una funzione di tipo mutualistico in favore delle imprese consorziate. I finanziamenti concessi alle imprese dalle Banche convenzionate con i Confidi possono riguardare le varie casistiche, ad esempio:

- il credito di esercizio di breve termine (anticipo fatture, scoperto conto corrente ecc);

- le spese per investimenti (acquisto e/o ristrutturazione dei locali, acquisto di attrezzature ecc.);
- operazioni di locazione finanziaria finalizzata agli investimenti (leasing immobiliare o strumentale).

Rivolgersi a un Confidi è piuttosto semplice, in quanto basta recarsi presso un'associazione di categoria (per esempio quelle che ho citato prima), oppure una alla quale l'azienda è già iscritta e chiedere informazioni sul proprio Confidi o su uno convenzionato.

Come ti ho già detto l'area di competenza può essere regionale o nazionale. Supponiamo che tu voglia conoscere i Confidi presenti nella regione Lombardia: collegati a Internet, vai sul motore di ricerca Google digita la frase "Ricerca Confidi in Lombardia" e ti appariranno una serie di siti con i nominativi dei vari Confidi presenti nella regione.

Ricerca Confidi in Lombardia

CONFIDI LOMBARDIA sc
CONFIDI LOMBARDIA sc - Società Cooperativa di Garanzia Collettiva Fidi.
*www.**confidilombardia**.it/index.aspx?m=News* - Copia cache - Simili
Confidi Lombardia e UBI Banca, insieme a sostegno del territorio ...
Tags: ubibanca, **confidi lombardia**, utilio speciale pmi, finanziamenti, riequilibrio finanziario, consolidamento dei debiti, **ricerca**, fotovoltaico ...
*finanziamenti.pmi.it/.../**confidi-lombardia**-e-ubi-banca-insieme-a-sostegno-del-territorio.aspx* - Copia cache - Simili
Confidi Milano - **Lombardia** Imprese
Finanziamenti **Lombardia. Confidi** Province Lombarde mira a sostenere la funzione finanziamento ... +Segnala sito nel nostro motore di **ricerca** +Modifica sito ...
*www.**lombardia**imprese.it/cnt_aziendadettaglio.php~azienda~~~95403~~**Confidi**+Milano.html* - Copia cache - Simili
Grazie alla nascita di **Confidi Lombardia** ci saranno più risorse ...
Cerca in Risorse e guide ... Una volta che la fusione sarà operativa, l'attività di **Confidi Lombardia** sarà rilevante ... ACCADEMIA DI STUDIO E **RICERCA** . ...
*www.finanzaediritto.it/.../grazie-alla-nascita-di-**confidi-lombardia**-ci-saranno-pi-risorse-per-le-imprese-1427.html* - Copia cache - Simili
Lombardia PMI : Associazioni : Nasce **Confidi Lombardia**
18 dic 2006 ... Nasce **Confidi Lombardia** - Dall'unione tra i **Confidi** di sette Confindustrie lombarde è nato **Confidi Lombardia**, consorzio interprovinciale che ...
*www.**lombardia**-pmi.it/.../Nasce-**Confidi-Lombardia**.cfm* - Copia cac

Nel caso che un'azienda decida di rivolgersi a un Confidi, l'altra cosa importante che occorre sapere consiste nel conoscere l'iter che fa la richiesta di finanziamento.

Infatti la richiesta di finanziamento compie un percorso dentro la struttura del Confidi molto simile a quello all'interno della Banca.

Non è detto che il Confidi rilasci la garanzia richiesta dall'azienda associata e per stabilire ciò è dotato di un ufficio tecnico che valuta le richieste di finanziamento con criteri simili a quelli della Banca. Dopodiché, superata questa fase, la richiesta va a un organo deliberante che si riunisce normalmente con cadenza settimanale, quindicinale o mensile.

Quindi anche nel caso di richiesta a un Confidi è utile (se non necessario) fare una doppia copia della documentazione fornita alla Banca e consegnare il tutto al funzionario del Confidi che completerà la documentazione con la modulistica interna che farà sottoscrive al richiedente.

Se in fase di istruttoria viene stabilita con la Banca la necessità di inserire nella richiesta di finanziamento l'intervento di un Confidi che rilasci una garanzia (sussidiaria o a prima richiesta), la stessa andrà a erogare il finanziamento solo dopo aver ricevuto la documentazione attestante la delibera della garanzia concessa dal Confidi.

SEGRETO n. 35: la richiesta di finanziamento sottoposta

all'esame per il rilascio di una garanzia compie un percorso dentro la struttura del Confidi molto simile a quello all'interno della Banca.

Altri enti di garanzia

Altri strumenti di garanzia a sostegno delle richieste di finanziamento possono essere ritrovati nelle Banche di Garanzia e nelle Finanziarie Regionali, sulle quali andrò a fare un breve accenno. Le Finanziarie Regionali sono generalmente società costituite da Enti Pubblici e Banche operanti nella regione di appartenenza. Il loro fine è favorire la crescita e lo sviluppo delle piccole e medie imprese che operano nella regione; tra i servizi offerti vi sono:

- gestire le agevolazioni, che sono affidate alla regione dove ha sede la Finanziaria, sotto forma di contributi in conto interesse o altre forme tecniche;
- rilasciare garanzie alle imprese per l'accesso al credito, principalmente su forme tecniche di finanziamenti a medio-lungo termine. Generalmente le imprese devono avere sede nella regione (anche in questo caso vi è un costo per il rilascio della garanzia che è a carico dell'azienda;

- entrare in partecipazione su imprese che hanno potenzialità di crescita e sviluppo o intervenire sul capitale dell'impresa con altre forme tecniche;
- svolgere un'attività di consulenza finanziaria a servizio sia delle imprese che degli enti pubblici.

Nell'ambito delle Finanziarie Regionali è possibile trovare anche misure e agevolazioni o garanzie per l'accesso al credito che interessano le persone fisiche, per esempio per investimenti in energie rinnovabili. In questi Enti l'area di competenza può essere regionale o nazionale (magari solo per certi tipi di servizi).

SEGRETO n. 36: altri strumenti di garanzia a sostegno delle richieste di finanziamento possono essere ritrovati nelle Banche di Garanzia e nelle Finanziarie Regionali.

Supponiamo che vuoi conoscere la Finanziaria Regionale della regione in cui abiti o dove svolgi la tua attività (per esempio in Toscana). Vai sul motore di ricerca Google, digita la frase "Ricerca Finanziaria Regionale Toscana" e ti appariranno una serie di siti con il nome e i servizi forniti dell'ente presente nella

Regione.

Ricerca Finanziaria Regionale Toscana

Fidi **Toscana** prima **finanziaria regionale** ad aver un outlook ...
Nove da Firenze ► Economia ► Fidi **Toscana** prima **finanziaria regionale** ad aver ... all'irrobustimento patrimoniale, alla **ricerca** di una migliore efficienza ...
www.nove.firenze.it/vediarticolo.asp?id=a3.07... - Copia cache - Simili

La **finanziaria regionale** Fidi **Toscana** diventa una "banca di ...
15 lug 2009 ... Approvata ieri dal Consiglio **Regionale** la trasformazione della **finanziaria** spa promossa dalla **Regione** Fidi **Toscana** in banca di garanzia e di ...
www.intoscana.it/intoscana/imprese_in_toscana.jsp?... - Copia cache - Simili

Regione Toscana: Misure "ANTICRISI" attivate dalla **Regione Toscana**
2 lug 2009 ... Clicca qui per avviare la **ricerca** Cerca ... Le piccole medie imprese con sede nella **regione Toscana** possono fare domanda alla propria banca o ... la **Regione Toscana** ha concesso alla **finanziaria regionale** Fidi **Toscana**, ...
www.regione.toscana.it/regione/.../visualizza_asset.html_1881411472.html - Copia cache - Simili

Regione Toscana: Archivio
Sito Ufficiale della **Regione Toscana**. ... inserisci l'intervallo temporale entro il quale impostare la **ricerca**. dal (gg/mm/aaaa). al (gg/mm/aaaa) ... 'Una manovra **finanziaria** deve rimettere in moto i grandi fattori di sviluppo. ...
www.regione.toscana.it/regione/...finanziaria/archivio.html?...finanziaria... - Copia cache - Simili

L’iter di una richiesta di finanziamento è simile a quello della Banca o dei Confidi. Quindi, anche in questo caso, se la richiesta è ben preparata basta solo fare delle copie, riempire la modulistica che ti richiederà l’ente di garanzia e attendere la lavorazione.

Anche in questo caso, se in fase di istruttoria viene stabilito con la Banca l’intervento di un Ente che rilasci una garanzia (sussidiaria o a prima richiesta) per la concessione di un finanziamento, la Banca andrà a erogare il finanziamento solo dopo aver ricevuto la documentazione attestante la delibera della garanzia concessa.

SEGRETO n. 37: dentro la struttura degli Enti di Garanzia, la richiesta di finanziamento compie un percorso simile a quello all’interno della Banca.

Come ti ho detto all’inizio del capitolo, ritengo importante che tu conosca questi strumenti che possono aiutarti, qualora siano necessari, per migliorare e rinforzare la tua richiesta di finanziamento.

Nell’attività che svolgo quotidianamente ho spesso a che fare con questi enti, e personalmente consiglio sempre alle aziende, se ci sono le condizioni, di utilizzarli in modo da presentarsi con una garanzia aggiuntiva ritenuta molto importante dalla Banca. Alcuni dei casi che troverai descritti nel capitolo successivo sono stati risolti inserendo nella richiesta di finanziamento le garanzie fornite sia da un Confidi (in un caso) sia da una Finanziaria Regionale (nell'altro caso).

RIEPILOGO DEL GIORNO 8:

- SEGRETO n. 33: con l'utilizzo dei Confidi, alle imprese vengono attenuate le difficoltà relative all'accesso al credito, dovute alla loro debolezza contrattuale, che possono avere singolarmente nella trattativa con la Banca.
- SEGRETO n. 34: le forme tecniche di garanzia sono sostanzialmente due, una denominata sussidiaria e l'altra denominata a prima richiesta.
- SEGRETO n. 35: la richiesta di finanziamento sottoposta all'esame per il rilascio di una garanzia compie un percorso dentro la struttura del Confidi molto simile a quello all'interno della Banca.
- SEGRETO n. 36: altri strumenti di garanzia a sostegno delle richieste di finanziamento possono essere ritrovati nelle Banche di Garanzia e nelle Finanziarie Regionali.
- SEGRETO n. 37: dentro la struttura degli Enti di Garanzia, la richiesta di finanziamento compie un percorso simile a quello all'interno della Banca.

Alcuni casi gestiti

Caso 1

Il primo caso gestito personalmente, che ho deciso di raccontarti, raccoglie tutti i passaggi descritti nei capitoli precedenti e ha la particolarità di non essere un caso semplice, in quanto a richiedere il finanziamento sono due persone senza nessuna disponibilità finanziaria, solo una delle due ha un reddito minimo percepito da un lavoro a tempo determinato.

La cosa che mi ha subito colpito era il sogno di queste due persone (un ragazzo e una ragazza) che volevano a tutti i costi aprire un'attività di ristorazione per la quale necessitava un finanziamento di 100.000 euro.

Quindi avevo di fronte due soggetti fortemente motivati, ma senza il capitale necessario per fare l'investimento e senza garanzie sufficienti per ottenere una richiesta di finanziamento da una Banca. La ragazza era la più motivata, aveva individuato il locale dove andare a svolgere l'attività e aveva elaborato un business plan molto dettagliato nella parte descrittiva ma molto confusionario nella parte tabellare numerica. Nella parte descrittiva andava a indicare con precisione cosa voleva fare e analizzava la concorrenza dei locali simili nella stessa zona, mettendo in evidenza i punti di forza e di debolezza.

Con questi elementi e con un po' di fantasia mi sono messo al lavoro, convinto di voler aiutare queste due persone a realizzare il loro sogno. Sono partito raccogliendo la documentazione necessaria ed elaborando la relazione di sintesi, che andava a spiegare in poche pagine cosa volevano fare e quanto occorreva per farlo. Ho mantenuto la parte descrittiva del business plan elaborata dalla ragazza allegandola alla richiesta, mentre ho modificato e sintetizzato la parte tabellare e numerica.

Tutti questi passaggi li ho condivisi con i due ragazzi, cercando di coinvolgerli anche nella fase di stesura della richiesta. Alla fine del lavoro ho elaborato la seguente relazione di sintesi, che vado a riportare per intero togliendo chiaramente i nominativi.

X/Y/20ZZ

Spett. Istituto,

vi scrivo in qualità di legale rappresentante della società X s.n.c., e con la presente sono a richiedervi di valutare la richiesta di finanziamento a cinque anni di euro 100.000 (centomila/00) di seguito descritta.

Premessa

La società X è di nuova costituzione e ha lo scopo di operare nel settore della ristorazione, pub, birreria. Per far ciò ha individuato dei locali ubicati in zona Y di mq 200, utilizzati dalla precedente gestione, che necessitano di alcuni piccoli interventi di manutenzione. Il costo dell'affitto annuo è stato stabilito con la proprietaria in 30.000 euro da corrispondere in rate mensili; il contratto avrà una durata iniziale di sei anni, rinnovabile per altri sei anni.

Compagine societaria

La compagine societaria è costituita da due soci, il sig. Verdi e la sig.ra Bianchi (vedi i curriculum vitae allegati). La sig.ra Bianchi ha già maturato un'esperienza nel settore, entrambi saranno operativi nella nuova iniziativa.

Descrizione dell'investimento

L'investimento è così suddiviso:

- acquisto dell'avviamento d'azienda e di alcune licenze commerciali di proprietà della società Z s.n.c. necessarie per esercitare l'attività di ristorazione: 70.000, 00 euro;
- interventi di ristrutturazione, migliorie e acquisto di alcune attrezzature (vedi preventivi allegati): 30.000 euro;
- totale investimento: 100.000 euro.

Copertura dell'investimento

Richiesta finanziamento a 5 anni	100.000
Mezzi propri disponibili	Non inseriti

Ulteriori aspetti da valutare

L'iniziativa si pone l'obbiettivo di raggiungere importanti risultati in termini di fatturato e utile netto. Nel piano sono previste n. 3 assunzioni di personale oltre all'impegno dei due soci. Altri aspetti significativi da valutare sono riportati nella parte descrittiva del business plan, in particolare la strategicità della posizione del locale rispetto ai locali concorrenti e la particolarità dei servizi offerti.

Tabella di calcolo con simulazione piano di ammortamento del finanziamento, importo 100.000 euro, durata cinque anni, tasso ipotizzato 7%.

Importo mutuo = 100.000

Tasso = 7 %
TAEG = 7,12 %

Durata in 5 anni

Periodicità = semestrale

Importo rata = 12.024,13

Data erogazione = 30/06/2007

Tot. anno rate = 24.048,27

Totale rate = 120.241,36

valori in euro

n.	scadenza	Importo rata	Quota interessi	Quota capitale	Debito residuo
1	30/12/07	12.024,13	3.500,00	8.524,14	91.475,86

2	30/06/08	12.024,13	3.201,66	8.822,48	82.653,38
3	30/12/08	12.024,13	2.892,87	9.131,27	73.522,11
4	30/06/09	12.024,13	2.573,27	9.450,86	64.071,25
5	30/12/09	12.024,13	2.242,48	9.781,64	54.289,61
6	30/06/10	12.024,13	1.900,14	10.124,00	44.165,61
7	30/12/10	12.024,13	1.545,80	10.478,34	33.687,26
8	30/06/11	12.024,13	1.179,05	10.845,08	22.842,18
9	30/12/11	12.024,13	799,48	11.224,66	11.617,52
10	30/06/12	12.024,13	406,61	11.617,52	,00
Totali		**120.241,37**	**20.241,37**	**100.000,00**	

Sintesi di conto economico

La tabella di seguito riportata ha lo scopo di evidenziare le capacità di flusso di cassa generate dalla nuova Società, in base alle quali si può valutare la possibilità di far fronte al finanziamento.

Voci di conto economico	Previsione 2007	Previsione 2008	Previsione 2009
Fatturato	433.000	550.000	600.000

Quote di ammortamento	30.000	30.000	30.000
Utile / perdita esercizio	39.000	50.000	57.000
Totale flusso di cassa annuo (A)	**69.000**	**80.000**	**87.000**
Quota capitale annua finanziamento (B) (arrotondata in eccesso)	17.500	18.500	20.000
Differenza A-B	**51.500**	**61.500**	**67.000**

Conclusioni

A seguito di quanto sopra descritto, siamo a richiedervi di valutare la possibilità di effettuare un'operazione di finanziamento a medio termine (cinque anni) per un importo di 100.000 euro.

Garanzie accessorie

Fideiussioni personali dei due Soci;

Delibera del Consorzio Fidi Y con garanzia sussidiaria al 50%.

Per permettervi una migliore valutazione di quanto sopra,

alleghiamo la seguente documentazione relativa alla società:

- parte descrittiva del business-plan;
- certificato camera di commercio;
- atto costitutivo e statuto;
- ultime due dichiarazioni dei redditi dei soci;
- documento di identità dei soci;
- computo metrico estimativo dei lavori di ristrutturazione;
- denuncia dei redditi 2006 dell'attività da acquistare;
- documenti parte venditrice con licenze cedute;
- business plan 2007-2009 (parte descrittiva e conti economici previsionali).

Cogliamo l'occasione della presente per salutarvi cordialmente.
Sig. Pippo (Amministratore)

Business plan della società X s.n.c. (parte tabellare)

Conto economico previsionale	2007	2008	2009
Ricavi delle vendite e prestazioni			
A) Valore della produzione	433.000	550.000	600.000
Acquisti materie prime e merci	150.000	220.000	230.000
Acquisizione di servizi, ecc.	10.000	12.000	14.000
Utenze	25.000	28.000	30.000
Affitto locali	30.000	30.000	30.000
Personale	100.000	120.000	140.000
Ammortamenti	30.000	30.000	30.000
Oneri diversi di gestione	3.000	4.000	5.000
B) Costi della produzione	348.000	444.000	479.000
Risultato operativo (A-B)	85.000	106.000	121.000
Proventi finanziari			
Interessi e altri oneri finanziari			
C) Proventi e oneri finanziari	-20.000	-22.000	-25.000
Proventi straordinari			
Oneri straordinari			
D) Proventi e oneri straordinari			
Risultato ante imposte (A-B+C+D)	65.000	84.000	96.000
Imposte sul reddito d'esercizio	26.000	34.000	39.000
Utile (perdita)	39.000	50.000	57.000
Cash-flow			
Quota ammortamento	30.000	30.000	30.000
Utile	39.000	50.000	57.000
Totale	69.000	80.000	87.000

La richiesta così formulata è stata inserita nel raccoglitore con tutti i documenti allegati ed è stata presentata alla Banca, la quale ha deciso di prenderla in esame e ha convocato successivamente i due ragazzi per alcune domande di approfondimento.

I due ragazzi sono stati molto bravi, sono entrati subito in sintonia con il funzionario, rispondendo alle sue domande e facendosi consigliare. Hanno seguito i miei suggerimenti e gli hanno richiesto dei pareri sulle possibili migliorie.

Dai suggerimenti è emerso che il punto debole per la Banca erano le poche garanzie a supporto della richiesta e che sarebbe stato utile e ben accetto dalla stessa il coinvolgimento di un Consorzio Fidi, con tale elemento aggiuntivo si poteva provare a portare avanti la richiesta di finanziamento.

Quindi è stato interpellato un Consorzio Fidi, attraverso la sua struttura è stata svolta tutta la procedura di iscrizione al Consorzio e di valutazione della richiesta di finanziamento, infine è stato dato un parere favorevole da parte dello stesso a garantire la richiesta.

A quel punto ho modificato la relazione di sintesi (vedi parte in rosso alla voce garanzie a pag. 174), quindi la richiesta è stata di nuovo presentata alla Banca la quale nel giro di venti giorni ha dato parere favorevole e ha accordato il finanziamento. I due ragazzi hanno potuto così realizzare il proprio sogno e iniziare una nuova attività di ristorazione.

Caso 2

Il secondo caso, anch'esso gestito personalmente, è ugualmente significativo in quanto raccoglie tutti passaggi descritti nei capitoli dell'ebook e ha come il precedente la particolarità di non essere un caso semplice.

Si trattava di un soggetto privato (una persona fisica che per brevità chiamerò sig. Verdi) il quale aveva la necessità di ottenere dalla Banca una liquidità di 250.000 euro e desiderava un tempo di restituzione non superiore ai due anni.

La prima domanda che ho rivolto al sig. Verdi è stata quella di chiedergli a cosa servivano quei soldi. Il finanziamento serviva per costruire un immobile su un terreno di sua proprietà dove trasferirsi con la famiglia, mentre la richiesta dei tempi brevi di restituzione derivava dal fatto che nell'arco dei due anni il sig. Verdi prevedeva di completare la costruzione del nuovo immobile e di vendere l'immobile dove attualmente abitava.

Generalmente la Banca di fronte a tali richieste e qualora valuti che esistono le condizioni per fare il finanziamento suggerisce due tipologie di soluzioni: un mutuo classico a 10-15-20 anni, oppure un mutuo edilizio a stato di avanzamento lavori di durata più breve.

Quindi, dopo aver definito con il sig. Verdi cosa voleva, a cosa serviva il finanziamento e come pensava di restituirlo, ho iniziato con la sua partecipazione e collaborazione ha preparare la richiesta.

In questo caso, non trattandosi di un'azienda ho preparato solo la relazione di sintesi, di seguito riporto solo la lettera di presentazione alla Banca con indicati gli allegati.

Carta intestata con i dati del richiedente

Luogo e data Spett. Banca X

Con la presente sono a richiedere al vostro Istituto di valutare la richiesta di un finanziamento di 250.000 euro, con durata non superiore a due anni e forma tecnica da stabilire con Voi.

Per permettervi una migliore valutazione allego alla presente la seguente documentazione:

- relazione di sintesi con descrizione dell'intervento;
- copia denuncia dei redditi anno 2007;
- copia denuncia dei redditi anno 2008;
- dati sulle proprietà immobiliari completa di visure catastali;
- computo metrico di costruzione del nuovo immobile;
- foto del terreno dove sorgerà il nuovo immobile;
- foto dell'abitazione attuale;
- copia documento di identità.

Resto in attesa di un Vostro cortese riscontro.

Distinti saluti.

Completata la relazione di sintesi e preparato il raccoglitore con tutta la documentazione, ho consegnato la richiesta a una Banca con la quale il sig. Verdi aveva già rapporti in essere. Dopo un primo esame da parte della Banca, è stato richiesto un incontro per maggiori chiarimenti. All'incontro erano presenti il sottoscritto, il sig. Verdi, il direttore di filiale e il responsabile di zona della Banca, questi ultimi hanno rivolto alcune domande di chiarimento.

La particolarità di questo caso è stato proprio l'incontro con i funzionari ai quali, dopo che avevano visionato la documentazione e valutata la positività della richiesta, abbiamo richiesto quale poteva essere la soluzione tecnica migliore.

In questo caso si è convenuto di comune accordo tra la Banca e il sig. Verdi che la soluzione migliore era fare un conto corrente ipotecario (forma tecnica simile allo scoperto di conto corrente ma con iscrizione di ipoteca su un immobile individuato dalla Banca di proprietà del richiedente) che consentiva al sig. Verdi di chiudere il finanziamento appena veniva in possesso della liquidità necessaria, derivante dalla vendita dell'immobile dove abitava. Il risultato finale è stato che il sig. Verdi ha ottenuto il finanziamento necessario.

Caso 3

Il terzo e ultimo caso che ritengo utile e significativo raccontarti riguarda un'azienda che aveva la necessità di un finanziamento di 500.000 euro da restituire in sette anni, necessario per sostenere i costi relativi allo spostamento dell'unità produttiva dal sito attuale a un nuovo sito con maggiori capacità produttive.

Anche lo sviluppo di questo caso raccoglie tutti passaggi descritti nei capitoli dell'ebook e ha, come i precedenti, la particolarità di non essere un caso semplice. L'azienda, costituita da circa due anni, a seguito di una buona crescita del fatturato, aveva la necessità di trasferire l'attività in un'altra sede, dovendo così sostenere i costi per il trasferimento, i costi per acquistare nuovi macchinari e fare alcune migliorie all'interno del nuovo immobile preso in affitto. Quindi dopo un colloquio con l'imprenditore ho iniziato a preparare la richiesta.

All'imprenditore ho chiesto di redigere un business plan completo di parte descrittiva e numerica, dove andava a spiegare bene cosa voleva fare l'azienda, la sua strategia ecc.

Visionando il business plan ho consigliato all'imprenditore di apportare alcune piccole modifiche che a mio giudizio lo rendevano più adatto per essere esaminato da una Banca.

Inizialmente ho contatto una Banca con la quale l'azienda aveva già rapporti, ma dopo un primo colloquio e un'analisi sommaria della documentazione la risposta è stata negativa. Il motivo principale consisteva nel fatto che l'azienda non aveva molta storia, essendo costituita da poco più di due anni, e la Banca contattata era già esposta con delle linee di credito a breve termine.

Dopo un breve incontro con l'imprenditore dove l'ho informato della risposta negativa, abbiamo deciso di contattare un altro Istituto bancario presente nella zona dove operava l'azienda e con la quale non vi erano rapporti in essere (ricorda il detto "Finché ci sono Banche c'è speranza).

La nuova Banca dopo un primo esame ha voluto incontrare

l'imprenditore, prima andando a visitare l'azienda con un suo funzionario, il quale nell'occasione ha rivolto diverse domande all'imprenditore sul business plan inserito nella richiesta, e ha valutato di persona le potenzialità dell'azienda (ti ricordo che avevo fatto fare il business plan personalmente all'imprenditore, quindi era ben preparato).

Al primo incontro ne è seguito un altro presso la filiale della Banca, dove ho partecipato personalmente e dove abbiamo convenuto, anche su consiglio dei funzionari della stessa, che la soluzione migliore era sostenere la richiesta inserendoci una garanzia rilasciata da un Confidi o altro Ente. In questa occasione l'imprenditore ha chiesto consiglio ai funzionari della Banca su quale fosse la cosa migliore da fare perché la sua richiesta andasse a buon fine.

Nella regione dove operava l'azienda, la Banca aveva stipulato una convenzione con un Ente di Garanzia che prevedeva, per richieste di finanziamento a medio termine presentate da aziende con sede in regione, la possibilità di concedere, se vi erano le condizioni, una garanzia a prima richiesta pari al 60%

dell'importo finanziato.

Quindi abbiamo seguito l'indicazione presentando la richiesta all'Ente di Garanzia il quale, dopo aver svolto l'istruttoria con l'analisi dei documenti e dei dati aziendali, ha concesso una garanzia pari al 60% dell'importo del finanziamento.

Il caso si è concluso con l'erogazione da parte della Banca dell'importo di 500.000 euro necessario all'imprenditore per lo sviluppo della sua azienda.

Conclusioni

Se hai letto questo ebook, avrai certamente compreso che non c'è una ricetta magica per ottenere qualsiasi tipo di finanziamento dalle Banche, ci sono anche molte cose che probabilmente già conoscevi.

Devi ammettere però che le tecniche e i segreti che ti ho svelato possono esserti utili se ti troverai a preparare una richiesta di finanziamento, qualunque essa sia e per le finalità necessarie a raggiungere i tuoi obiettivi.

Vediamo cosa hai imparato leggendo e studiando l'ebook:

- la procedura per formulare una richiesta di finanziamento a una Banca;
- a studiare bene la tua richiesta di finanziamento, in tutti i suoi aspetti e tutti i suoi documenti necessari;
- a capire la funzione di alcuni documenti come la relazione di sintesi o il business plan, anche con l'aiuto di esempi

semplici ma concreti;

- a creare un rapporto cordiale con il funzionario della Banca alla quale andrai a sottoporre la tua richiesta di finanziamento;
- a gestire e accompagnare una richiesta di finanziamento, dalla sua presentazione alla sua erogazione;
- l'importanza di ottenere credito da una Banca e ancor più di mantenerlo;
- cosa devi fare se ti dicono di no, se una Banca non accetta la tua richiesta. Cercando di capire i motivi del "no" e con qualche piccola correzione, non è detto che non ci sia un'altra Banca che è disposta a darti fiducia e a finanziare il tuo sogno;
- l'utilità dei Consorzi fidi o Enti di Garanzia.

In sintesi hai imparato a farti da solo una richiesta di finanziamento in modo professionale, seguendo un metodo e monitorando le varie fasi che la riguardano dopo che è stata presentata alla Banca.

Spero che tutto ciò ti sia di aiuto perché come avrai capito leggendo l'ebook, ma come comprenderai ancora meglio nella vita quotidiana, ottenere un finanziamento da una Banca non è affatto facile. Per riuscirci occorre impegno, determinazione, un metodo professionale, alcune buone strategie e alcuni segreti che hai trovato all'interno dell'e-book.

Un caro saluto,
Roberto Ciompi

I 37 segreti di "Farsi finanziare dalle Banche"

- SEGRETO n. 1: fissare gli obiettivi è il punto di partenza per formulare bene una richiesta di finanziamento.
- SEGRETO n. 2: ricordati sempre di evidenziare per ogni intervento finanziario che intendi richiedere i minor costi o i maggiori ricavi che si andranno a ottenere.
- SEGRETO n. 3: definisci bene cosa vuoi, scrivilo, impara a descriverlo con precisione, studialo e memorizzalo bene, evidenzia sempre i minor costi o maggiori ricavi (o benefici) che derivano da tale scelta.
- SEGRETO n. 4: analizza tutte le voci di spesa, fai un elenco e calcola bene quanto denaro ti occorre.
- SEGRETO n. 5: ogni Banca, di fronte ad una richiesta di finanziamento di qualsiasi natura, ti richiederà una serie di documenti che sono necessari per analizzarla.
- SEGRETO n. 6: prepara una lista dei documenti necessari, fai delle copie e fai un elenco di riepilogo.
- SEGRETO n. 7: prepara la relazione di sintesi necessaria per far capire subito alla Banca di cosa stiamo parlando senza

ancora aver visto i documenti allegati.

- SEGRETO n. 8: inserisci nella relazione di sintesi una simulazione del piano di mutuo o di finanziamento in cui compare l'importo totale della rata annua che può avere scadenze semestrali, trimestrali, mensili ecc.
- SEGRETO n. 9: quando si deve fare una richiesta di finanziamento per un'azienda, non è possibile seguire una procedura standardizzata, ma si possono tenere presente alcune indicazioni generiche.
- SEGRETO n. 10: quando si richiede un finanziamento per un'azienda può essere necessario preparare un *business plan*, dove viene spiegato cosa si vuole fare nei prossimi anni, a cosa serve il finanziamento e come sarà restituito.
- SEGRETO n. 11: prepara la parte descrittiva del business plan, dichiara cosa vuol fare l'azienda, come intende farlo e a cosa serve. Cerca di essere sintetico, utilizza delle tabelle per illustrare le parti numeriche.
- SEGRETO n. 12: prepara la parte tabellare del business plan, che preveda minimo i conti economici previsionali ed i flussi di cassa previsti (da riportare nella tabella di sintesi collocata nella parte descrittiva).

- SEGRETO n. 13: occorre immergersi mentalmente nella parte immaginaria, e porsi in uno stato d'animo positivo da trasmettere alla Banca.
- SEGRETO n. 14: partecipa in modo attivo alla costruzione della tua richiesta di finanziamento, la Banca deve finanziare te, non il tuo professionista.
- SEGRETO n. 15: occorre leggere e studiare la richiesta di finanziamento per essere preparati alle eventuali domande o richieste di chiarimento da parte della Banca.
- SEGRETO n. 16: metti tutti i documenti necessari per la richiesta di finanziamento all'interno di un unico raccoglitore.
- SEGRETO n. 17: inserisci nel raccoglitore una locandina sia frontale sia laterale indicando i dati principali della richiesta.
- SEGRETO n. 18: nello scegliere la Banca alla quale sottoporre la richiesta di finanziamento, è opportuno partire da una Banca con la quale hai già rapporti (sia come persona fisica sia come azienda).
- SEGRETO n. 19: vestiti in modo adeguato quando vai all'incontro con il funzionario della Banca per presentare la tua richiesta di finanziamento.
- SEGRETO n. 20: attraverso il modo di comunicare entra in

sintonia con il tuo interlocutore bancario, aiutati con la parte immaginaria.

- SEGRETO n. 21: fatti consigliare dal tuo interlocutore bancario, ponendogli le domande che ti ho suggerito per cercare di raggiungere il buon esito della tua richiesta.
- SEGRETO n. 22: ricordati le domande utili quando chiudi l'incontro di presentazione della richiesta di finanziamento con il funzionario della Banca.
- SEGRETO n. 23: accompagna la tua richiesta di finanziamento, programma degli appuntamenti o di persona o telefonici con il funzionario della Banca, cerca di sapere a che punto si trova la tua richiesta nell'iter bancario.
- SEGRETO n. 24: quando consegni la tua richiesta di finanziamento alla Banca, occorre farsi rilasciare una ricevuta con timbro e firma del funzionario che la prende in consegna. Nel foglio di ricevuta è opportuno indicare le principali caratteristiche e la data di presentazione.
- SEGRETO n. 25: nella fase in cui la richiesta di finanziamento è all'esame dell'ufficio fidi della Banca, preparati a eventuali chiarimenti tecnici richiesti, ripassa bene il tutto e fatti aiutare a capire ciò che non hai chiaro.

- SEGRETO n. 26: cerca di sapere a che livello di organo interno alla Banca può essere deliberata la tua richiesta di finanziamento (livello di filiale, livello provinciale, livello regionale ecc.).
- SEGRETO n. 27: completata la fase di delibera, se la Banca ha dato parere favorevole sei giunto alla fase di erogazione o concessione di quanto richiesto. A questo punto la Banca è pronta a erogare o a concedere quanto deliberato.
- SEGRETO n. 28: comportati correttamente nel rapporto con la Banca, se hai delle difficoltà finanziarie devi essere trasparente e sincero comunicandole tempestivamente. Devi riuscire a non perdere la tua credibilità bancaria.
- SEGRETO n. 29: "Finché ci sono Banche c'è speranza". Se la Banca ti dice di no, cerca un'altra Banca.
- SEGRETO n. 30: se la Banca ti risponde "no", per prima cosa devi farti restituire in originale o in copia il raccoglitore con i documenti relativi alla richiesta.
- SEGRETO n. 31: cerca di capire perché la Banca ti ha detto di no, individuando così i punti deboli della richiesta di finanziamento.
- SEGRETO n. 32: se puoi, apporta le modiche alla tua

richiesta, per migliorarla e ripresentarla alla Banca. Se non puoi modificarla o migliorarla, ripresentala ugualmente a una nuova Banca.

- SEGRETO n. 33: con l'utilizzo dei Confidi, alle imprese vengono attenuate le difficoltà relative all'accesso al credito, dovute alla loro debolezza contrattuale, che possono avere singolarmente nella trattativa con la Banca.
- SEGRETO n. 34: le forme tecniche di garanzia sono sostanzialmente due, una denominata sussidiaria e l'altra denominata a prima richiesta.
- SEGRETO n. 35: la richiesta di finanziamento sottoposta all'esame per il rilascio di una garanzia compie un percorso dentro la struttura del Confidi molto simile a quello all'interno della Banca.
- SEGRETO n. 36: altri strumenti di garanzia a sostegno delle richieste di finanziamento possono essere ritrovati nelle Banche di Garanzia e nelle Finanziarie Regionali.
- SEGRETO n. 37: dentro la struttura degli Enti di Garanzia, la richiesta di finanziamento compie un percorso simile a quello all'interno della Banca.

www.ingramcontent.com/pod-product-compliance
Ingram Content Group UK Ltd.
Pitfield, Milton Keynes, MK11 3LW, UK
UKHW022023190726
13853UKWH00005B/2079

9 788861 742123